传统文化经典读本

宋词

岳　珍　刘真伦◎编著

四川辞书出版社

图书在版编目（CIP）数据

传统文化经典读本. 宋词／岳珍，刘真伦编著.
—成都：四川辞书出版社，2018. 1
ISBN 978-7-5579-0261-2

Ⅰ. ①传… Ⅱ. ①岳… ②刘… Ⅲ. ①中华文化—普及读物 ②宋词—选集 Ⅳ. ①K203-49 ②I222. 844

中国版本图书馆 CIP 数据核字（2017）第 288812 号

传统文化经典读本·宋词

CHUANTONG WENHUA JINGDIAN DUBEN · SONGCI

岳 珍 刘真伦 编著

责任编辑 王祝英 潘 静
版式设计 王 跃
责任印制 肖 鹏
封面设计 袁 飞
出版发行 四川辞书出版社
地 址 成都市槐树街 2 号
邮政编码 610031
印 刷 成都翔川印务有限责任公司
制 作 四川胜翔数码印务设计有限公司
开 本 880 mm×1230 mm 1/32
版 次 2018 年 1 月第 1 版
印 次 2018 年 1 月第 1 次印刷
印 张 8
书 号 ISBN 978-7-5579-0261-2
定 价 35.00 元

·版权所有，翻印必究。
·本书如有印装质量问题，请寄回出版社调换。
·发行部电话：(028)87734281 87734332

致读者

“词为艳科”“诗庄词媚”，是词学界最为流行的说法。按照这种说法，词是歌舞宴筵间佐觞娱宾的产物，它的价值在娱乐而不在教化，它的题材比诗歌狭窄，它的风格较诗歌柔媚。事实上，词虽是配合隋唐燕乐用以演唱的歌词，和传统的诗文比较，它确实更多地具有市民文化的娱乐性，但是这并不意味着词作为一种文学体裁就丧失了广泛反映社会生活的能力。在现存的宋词中，花间樽前，莺莺燕燕，固然能摇荡人心，金戈铁马，怒发冲冠，同样动人心魄。所以，认为词体只适宜于十七八岁女郎执红牙拍唱“杨柳岸、晓风残月”，应该是一种误解；认为宋人作词崇尚婉约、苏辛豪放词仅为别调的看法，也不符合宋代词学创作的实际情况。

为了全面反映宋词的真实面貌，本书分十个类别选辑了宋词一百四十余首，大致反映出了宋词在题材内容以及风格体性上多彩多姿的面貌。在这些不同类别的词作中，情爱、闺情之作的缠绵旖旎，田园隐逸之作的高标逸韵，人生哲理之作的深厚含蕴，咏物之作的形神兼备，四季风情的喜怒哀乐，羁旅离愁之作的踟蹰怅惘，其感动人心的情感魅力绝不在唐诗之下。此外，爱国词所表现的慷慨情怀，节令风俗词所反映的民俗风情，名胜题咏词所摹写的名山大川，无论从社会道德教化还是从历史文化内涵的角度来衡量，其反映社会生活的广度和深度也不亚于唐诗。可以认为，宋词和唐诗、元曲一起，成为代表一个社会历史时期的文化成就的“一代之文学”，绝不是偶然的。宋词体现了宋代社会文化的精神风貌，选编的这些词作，会向您诉说宋代三百年的风风雨雨，暮暮朝朝。

业师张志烈先生百忙之中审读了书稿，在此谨致谢意。

编著者

目 录

了却君王天下事
——爱国情怀篇

琵琶弦上说相思
——情爱吟咏篇

泪眼问花花不语
——闺中情思篇

群芳过后西湖好

——名胜题咏篇

稻花香里说丰年
——田园隐逸篇

似花还似非花
——咏物寄兴篇

花褪残红青杏小

——四季风情篇

东风夜放花千树
——节令风俗篇

多情自古伤离别
——羁旅离愁篇

一向年光有限身

——人生哲理篇

了却君王天下事

——爱国情怀篇

人们往往认为，词是歌舞宴筵的产物，只适合十七八岁女郎执红牙拍唱“杨柳岸、晓风残月”。实际上，早在词体诞生之初，抒发爱国情操、报国情怀的作品就已经出现。敦煌曲子词《菩萨蛮》(敦煌自古出神将)、《生查子》(三尺龙泉剑)，就是早期的爱国词。

北宋前期，词以剪红刻翠为主，自苏轼开辟豪放词风，豪情激荡的爱国之作便开始在词坛上占据一席之地。南渡之后，救亡图存的时代呼声将爱国词的创作推上了一个新的高峰。岳飞、胡世将等一大批爱国将领，用他们的热血铸就了新一代词风。张孝祥、张元幹、陆游、辛弃疾、刘过、刘克庄等人，无不大声镗鞳，小声铿锵，横绝六合，扫空万古，奏出了杀敌立功、舍身报国的时代最强音。宋代的爱国词，也由此达到了巅峰。到南宋末年，国家再次面临危亡，吴潜、文天祥、刘辰翁等热血志士，用他们慷慨悲壮的词作，为宋代的爱国词画上了圆满的句号。

国家不幸诗人幸。宋朝从立国之初到亡国，始终没有摆脱内忧外患，所以爱国词也始终是宋代三百年词作的一大主题。

老夫聊发少年狂。

老夫：作者自称，这时作者四十岁。

左牵黄，右擎苍。

黄：借指黄狗。
苍：借指猎鹰。

锦帽貂裘，千骑卷平冈。

千骑(jì)：这里泛指随从之多。骑，古代称一人一马为一骑。

为报倾城随太守，亲射虎，看孙郎。

倾城：全城的人。
孙郎：指三国时的孙权，他年轻时曾骑马射虎。

酒酣胸胆尚开张。

尚：更加。

鬓微霜，又何妨?

持节云中，何日遣冯唐?

持节：带着传达命令的符节。
云中：古郡名。汉云中太守魏尚被削职后，冯唐受文帝委派到云中宣布他官复原职。

会挽雕弓如满月，西北望，射天狼。

会：应当。
天狼：星名，古人以为主侵掠。这里指西夏。

〔**大意**〕 老夫姑且像少年一样狂放一回，左手牵着黄狗，右手举着苍鹰，头戴锦帽，身着貂裘，带着千百骑兵从小山冈飞奔而过。为报答倾城出动追随太守的百姓，请看我像孙权当年一样亲自射猎猛虎。酒意正浓，胆气更旺。双鬓花白，那又怎么样?我像待罪云中的魏尚，只盼着手持赦书的冯唐的到来。到时候我会拉开满月一样的雕弓，遥望西北，射落那侵凌中原的天狼。

〔点评〕 这首词作于熙宁八年(1075)冬，作者时任密州(今山东诸城) 知州。词的上片写出猎的盛况，下片自述怀抱。古代的射猎也就是军事演习，在出猎时联想到杀敌报国是十分自然的。全词气势奔放，格调豪迈，充满豪情，在东坡词作中，这是最早的一首豪放词。值得注意的是，这首词一反花间樽前剪红刻翠的旧习，开辟了一代新风，是作者为了在词坛自成一家而有意识地进行的一次尝试。作者《与鲜于子骏书》称：“近却颇作小词，虽无柳七郎风味，亦自是一家，呵呵。数日前猎于郊外，所获颇多，作得一阕，令东州壮士抵掌顿足而歌之，吹笛击鼓以为节，颇壮观也。”

梦绕神州路。

神州：这里指中原。

怅秋风，连营画角，故宫离黍。

故宫离黍：故国的宫殿长满茂密的庄稼。后人常用以表达亡国的哀伤。

底事昆仑倾砥柱，九地黄流乱注？

砥柱：指支撑的主干。

九地：遍地。

聚万落千村狐兔。

天意从来高难问，况人情老易悲难诉。

“天意”两句：用杜甫《暮春江陵送马大卿公恩命追赴阙下》诗中“天意高难问，人情老易悲”之意。

更南浦，送君去。

南浦：泛指送别之地。

凉生岸柳催残暑。

耿斜河，疏星淡月，断云微度。

耿：明亮。

斜河：斜转的银河。这里指夜色已深。

万里江山知何处？回首对床夜语。

雁不到，书成谁与？

雁不到：旧时相传大雁南飞不过衡阳，胡铨所贬的新州在岭南，那是大雁也飞不到的地方。

目尽青天怀今古，肯儿曹恩怨相尔汝。

尔汝：卿卿我我，这里用作动词。

举大白，听金缕。

大白：酒杯。

金缕：《金缕曲》，《贺新郎》的别名。

〔大意〕 梦中回到了中原的大地，可叹秋风萧瑟，一个连着一个的军营中画角悲鸣，昔日的宫殿变成了庄稼地。为什么昆仑被折断了砥柱，弄得九州大地黄水四处流注，让千村万落里都是狐兔？上天的意旨从来高深莫测，人间的真情却是容易衰落，心中的悲愤难以诉说。更何况此时此刻，偏偏要送你离去。岸边杨柳带来的凉气驱走了残暑，明亮的银河斜挂空中，星稀月淡，几片残云轻轻飘去。江山万里，不知你将去向何方？忘不了这些年来我们通宵长谈，互吐心曲。从今以后，你远贬大雁都飞不到的新州，即使我写了书信，又有谁能够带给你？遥望长天，追怀古今，岂能学小儿女辈将人间的恩怨絮絮叨叨。请举起你的酒杯，听我唱一支《金缕曲》。

〔点评〕 这首词作于宋高宗绍兴十二年（1142）。绍兴八年（1138），枢密院编修胡铨因反对和议，请斩秦桧等人以谢天下，一时名声大振，也因此被降职到外地。绍兴十二年又遭弹劾，被除名编管新州（今广东新兴）。在投降派当权的南宋朝廷，没有几个人敢公开支持他。张元幹在胡铨途经福州时写下这首词公开支持他，在那个特定的时代，是需要有相当的勇气和胆识的。作者因为这首词被大理寺除名，也因之而名垂千古，“其刚风劲节，人所共仰”。词的上片借梦境表达对时局国运的忧愤，下片写送别情景。全词悲壮苍凉，有力地表现了作者坚持正义的气节和强烈的爱国激情。“目尽青天怀今古”，高风亮节，确实令人景仰。

怒发冲冠，凭栏处、潇潇雨歇。

凭栏：靠着栏杆。

抬望眼，仰天长啸，壮怀激烈。

三十功名尘与土，八千里路云和月。

莫等闲、白了少年头，空悲切。

等闲：轻易。

靖康耻，犹未雪。

靖康耻：指钦宗靖康元年（1126），金人攻占汴京，次年掳走徽、钦二帝，北宋灭亡。

雪：洗涤。

臣子恨，何时灭！

驾长车踏破、贺兰山缺。

长车：指战车。

贺兰山：这里代指金人占领区。

缺：山口。

壮志饥餐胡虏肉，笑谈渴饮匈奴血。

胡虏、匈奴：这里都指金人。

待从头、收拾旧山河，朝天阙。

朝(cháo)：朝见。

天阙：天子居住的地方。这里指北宋故都汴京。

〔**大意**〕 怒发冲冠，登高凭栏，急雨初停。举目遥望，仰天长啸，豪壮的胸怀悲愤激越。三十年功业微薄如尘土，八千里征途披星戴月。莫轻易耗费了青春岁月，白发满头空自悲切。靖康年间的国耻尚未洗雪，臣子的遗恨何时平息！我要驾着战车，踏破贺兰山口。立志要饱餐胡虏肉，谈笑间痛饮匈奴血。等到重新收复中原的河山，再去朝拜神京的宫殿。

〔点评〕 这是一首英雄言志的壮歌。词的上片抒写情怀，表现作者渴望及时建功立业的志向；下片言志，表达勇赴国难、收复中原的雄心。全词充满了爱国精神和英雄气概，它犹如一首充满激情、气贯日月的战歌，让人热血沸腾。其影响极为深远，堪称千古绝唱。陈廷焯《白雨斋词话》称它："千载后读之，凛凛有生气焉。"

当年万里觅封侯，匹马戍梁州。

梁州：今陕西南部汉中地区。

关河梦断何处？尘暗旧貂裘。

胡未灭，鬓先秋，泪空流。

此生谁料，心在天山，身老沧洲！

天山：祁连山。这里代指西北前线。

沧洲：濒水的地方，古代用以指隐士居住的地方。

〔大意〕当年曾经离家万里，单枪匹马从军梁州，希望能杀敌报国、立功封侯。边塞的旧梦早已烟消云散，尘土早已积满了旧的战袍。胡虏尚未消灭，两鬓早已斑白，报国的热泪徒然流淌。谁能料到，此生此世心在边关，此身却老死在乡下湖边。

〔点评〕 陆游一生呼号恢复，但由于南宋朝廷的投降政策，真正能够从军杀敌的机会是相当少的。所以，从军南郑（今陕西汉中市东周家坪）的经历，是陆游生命的顶峰。直到晚年，这段经历还时常萦绕在脑海中。这首词的上片写从军南郑及梦断关河的感慨；下片写心在天山身老沧洲的悲怆。这首词与辛弃疾的《破阵子》（醉里挑灯看剑）都是以对比的手法表现许国从戎的愿望与请缨无路的现实之间的矛盾，但辛词犹存少年意气，表现对现实的失望，陆词却全见迟暮之情，对现实完全绝望。

壮岁从戎，曾是气吞残虏。

残虏：残余的敌人。

阵云高、狼烽夜举。

狼烽：用狼粪点燃的烽火。

朱颜青鬓，拥雕戈西戍。

雕戈：刻绘有花纹的戈。

笑儒冠自来多误。

自来：从来。

功名梦断，却泛扁舟吴楚。

扁舟：小船。

漫悲歌、伤怀吊古。

漫：空自。

烟波无际，望秦关何处?

秦关：函谷关。这里指边关。

叹流年又成虚度。

流年：光阴，年华。

〔**大意**〕壮年时从戎戍边，曾经气吞残虏。战地烟云，夜燃烽火。那时的我风华正茂，拿着武器防守西北边地。常笑那些读书人空怀壮志，误了自身。建功立业的理想破灭了，现在泛舟在吴楚。徒然悲歌，伤怀吊古。烟波浩渺，边关在哪里？叹息时光白白地流逝。

〔点评〕这首词是作者晚年闲居家乡所作。词的上片怀旧，回忆昔日金戈铁马的战斗生活；下片伤今，以沉痛的心情抒写闲居的生活以及时光流逝的哀愁。作者满怀爱国热诚，然而在现实中理想又无法实现，这种矛盾一直贯穿在作者的爱国词作中。

雪洗虏尘静，风约楚云留。

约：阻止。

何人为写悲壮，吹角古城楼？

湖海平生豪气，关塞如今风景，剪烛看吴钩。

关塞：这里泛指中原。

吴钩：宝刀名。

剩喜燃犀处，骇浪与天浮。

剩喜：甚喜，非常高兴。

燃犀：东晋温峤曾燃犀角照采石矶下水族怪物。

忆当年，周与谢，富春秋。

周与谢：周瑜与谢玄。三国时周瑜曾在赤壁之战中击败曹操，东晋时谢玄在淝水之战中击败苻坚。

小乔初嫁，香囊未解，勋业故优游。

小乔：周瑜的妻子，当时著名的美女。

香囊：晋代谢玄年少时好佩紫罗香囊。

赤壁矶头落照，肥水桥边衰草，渺渺唤人愁。

肥水：即淝水。

我欲乘风去，击楫誓中流。

乘风：用南朝宋宗悫“愿乘长风破万里浪”语意。

击楫：晋代祖逖北伐，渡江时击楫而誓：“祖逖不能清中原而复济者，有如大江!”

〔大意〕 大雪将胡虏的烟尘洗刷得干干净净，大风将吴楚的战云久久羁留。什么人吹响了号角，将悲壮吹满这古老的城楼?平生以豪气自负，试看中原形势，在灯下擦拭着宝刀。很高兴捷报传来，当年温峤点燃犀角照见水怪的采石矶，惊涛骇浪与天地共沉浮。回想当年，周瑜、谢玄正当青春年华。一个是小乔初嫁，一个是香囊未解，功成名就，潇洒从容。赤壁矶头的落日，淝水桥边的衰草，如今只唤起人满腹的忧愁。我恨不能乘风破浪，像祖逖一样击楫誓中流。

〔点评〕 “采石战胜”是指高宗绍兴三十一年(1161)虞允文大败金兵于采石矶。当时年近三十岁的作者听到胜利的消息，情绪异常激动，恨不能如前辈英雄一样击楫中流、北伐中原。这首词就是表达这种心情的言志之作。词的上片写得到喜讯之后摩拳擦掌的豪情、豪气；下片以周瑜、谢玄比虞允文，歌颂其丰功伟绩，末句表达了自己效法前人建功立业的志向。

摸鱼儿

辛弃疾

淳熙己亥，自湖北漕移湖南，同官王正之置酒小山亭，为赋。

更能消几番风雨？匆匆春又归去。

消：经受。

惜春长恨花开早，何况落红无数。

春且住！见说道、天涯芳草无归路。

怨春不语，算只有殷勤，画檐蛛网，尽日惹飞絮。

长门事，准拟佳期又误。

长门事：汉武帝皇后陈阿娇失宠居长门宫，约请司马相如作《长门赋》以感动武帝。

准拟：这里是约定好的意思。

蛾眉曾有人妒。

蛾眉：形容女子美貌。这里代指陈皇后。

千金纵买相如赋，脉脉此情谁诉？

君莫舞！君不见、玉环飞燕皆尘土！

玉环：指唐玄宗所宠爱的杨贵妃。

赵飞燕：指汉成帝所宠爱的皇后赵飞燕。

闲愁最苦。

休去倚危栏，斜阳正在、烟柳断肠处。

〔**大意**〕 更能经得起几番风雨?春光又一次匆匆归去。爱惜春光总怕春花开得太早，更何况眼前落花无数。春光啊春光，你暂且停住! 听人家说，那遍地芳草早已淹没了你的归路。可惜春花默默不语，只有那屋檐下的蜘蛛网上，还缠绕着几缕春日的柳絮。长门宫中的旧事，约定的佳期又一次延误。美女总是遭人嫉妒。即使用千金买来司马相如的辞赋，那脉脉深情又能向谁倾诉?劝那些受宠的人儿不要得意狂舞，难道你不知道杨玉环、赵飞燕都已化作了一抔尘土?闲愁最苦。不要去登高凭栏，夕阳正笼罩着那断肠的烟柳。

〔**点评**〕 作者南归十多年，不受朝廷重用，收复失地的愿望一直无法实现。在被调往湖南任转运副使时，在同僚饯行的宴席上，作者写下了这首词。词借伤春感叹北伐时机的错失，百炼精钢化为绕指柔肠，极尽慷慨悲愤之能事。词的上片惜春怨春，表现时光飞逝志不得伸的感慨；下片借长门事倾吐长安路遥报国无门的苦闷，警告投降派当权者不要自鸣得意。陈廷焯《白雨斋词话》称这首词："意态殊怨，然姿态飞动，极沉郁顿挫之致。"

有客慨然谈功名，因追念少年时事，戏作。

壮岁旌旗拥万夫，锦襜突骑渡江初。

襜(chān)：遮至膝前的短衣。
突骑(jì)：冲锋突击的精锐骑兵。

燕兵夜娖银胡䩮，汉箭朝飞金仆姑。

燕(yān)**兵**：指金兵。
娖(chuò)：整理。
银胡䩮(lù)：一种镶银的箭袋。
金仆姑：一种箭。

追往事，叹今吾，春风不染白髭须。

却将万字平戎策，换得东家种树书。

平戎策：平敌的谋略。
东家：东邻农家。

〔大意〕 壮年时曾经率领千军万马，旌旗招展飞渡长江。金兵夜夜戒备森严，我军朝朝浴血奋战。追怀往事，感叹今日，春回大地染绿万物，染黑不了我的白胡须，却把平定胡虏的万字谋略，换回农家种树的书。

〔点评〕 作者是南宋抗战派的重要人士，但南宋小朝廷一贯以妥协求和为国策，有志之士遭受排挤，难有作为。作者晚年被贬官闲居上饶，回想少年时杀敌的往事，还禁不住热血沸腾。这首词上片追忆往事，大气磅礴；下片感慨虚度年华、报国无门，沉郁悲凉。陈廷焯《白雨斋词话》称这首词："哀而壮，得毋有烈士暮年之慨耶!"

醉里挑灯看剑，梦回吹角连营。

梦回：梦醒。

八百里分麾下炙，五十弦翻塞外声。

八百里：八百里驳，一种牛。
炙：烤肉。
五十弦：指瑟。
翻：指演奏。

沙场秋点兵。

马作的卢飞快，弓如霹雳弦惊。

的卢：良马名。

了却君王天下事，赢得生前身后名。

可怜白发生!

〔大意〕 醉酒后拨亮灯抚看宝剑，梦中听见号角响彻军营。战士们正在分吃烤肉，军乐队奏出了雄壮的乐曲声。秋日的沙场上正在阅兵。马儿像的卢一样风驰电掣，弓弦声像霹雳一样轰鸣。完成了国家统一的大业，赢得了生前死后的英名。梦中醒来，可惜现在我已白发斑斑!

〔点评〕 这是作者赠给好友陈亮的一首记梦的词。作者在梦中回到了当年鏖兵的战场，上片写军营生活的豪迈，下片写战场争斗的壮烈。“可怜白发生”一语惊破美梦，虽然仅仅五个字，却说尽了英雄失意、壮志难酬的满腹激愤。陈廷焯《白雨斋词话》称这首词：“如惊雷怒涛，骇人耳目，天地巨观也。”

不见南师久，漫说北群空。

南师：南宋的军队。

北群空：马群中没有好马，指世无贤才。韩愈《送温处士赴河阳军序》："伯乐一过冀北之野，而马群遂空。"

当场只手，毕竟还我万夫雄。

只手：力能举鼎的擎天手。

自笑堂堂汉使，得似洋洋河水，依旧只流东。

汉使：指章德茂。

洋洋：水多的样子。

且复穹庐拜，会向藁街逢。

且复：暂且。

穹庐：古游牧民族的帐篷。这里指金朝。

藁(gǎo)街：京城中供外国使节居住的街区。

尧之都，舜之壤，禹之封。

尧之都：与"舜之壤""禹之封"都指华夏。

于中应有，一个半个耻臣戎。

臣戎：臣服于异族。

万里腥膻如许，千古英灵安在，磅礴几时通？

腥膻(shān)：牛羊的腥臊气味。代指金人占领地区。

胡运何须问，赫日自当中。

胡运：指金朝的命运。

赫日：烈日。

〔大意〕 不见大宋的军队已经很久很久，不要说冀北没有贤才。一柱擎天，毕竟还有万夫莫敌的英雄。自信堂堂大宋的使节，应该像那滔滔的黄河之水，永远向着东奔流。暂且出使金国，终有一天会让他们来中原朝拜。堂堂华夏，中原大地，应该有几个铁血男儿耻于臣服胡虏。万里中原被胡虏糟践到如此地步，千古英灵又在哪里？那磅礴恢宏的民族精神，什么时候才会弘扬贯通？胡虏的命运何须预测，堂堂南宋正如耀眼的太阳挂在天空中。

〔点评〕 陈亮是南渡之后力主北伐的抗战派人士。这首词借送别友人出使金国，表达其恢复之志。全词主要有两个内容：一是叮嘱朋友要保持民族气节，“依旧只流东”；二是提醒朋友，北上中原应该努力物色有恢复志向的志士仁人，“谩说北群空”“于中应有，一个半个耻臣戎”，就是寄希望于北方受奴役的人民。陈廷焯《白雨斋词话》称这首词“精警奇肆，剑拔弩张”，充分表现了作者的豪迈胸怀。

北望神州路，试平章、这场公事，怎生分付？

神州路： 指中原沦陷地区。

平章： 评论，筹划。

公事： 指抗金大业。

记得太行山百万，曾入宗爷驾驭。

“记得”两句： 用《中兴小记》、《老学庵笔记》中宗泽以收复失地相号召，相附者百余万的典故。

今把作握蛇骑虎。

把作： 当做。

握蛇骑虎： 指南宋统治者对义军的态度如同握着蛇不敢放手，骑在虎背上左右为难。

君去京东豪杰喜，想投戈下拜真吾父。

真吾父： 《宋史·岳飞传》载，张用在江西作乱，岳飞往讨，晓以书信，张用读毕叹曰：“真吾父也。”遂降。

谈笑里，定齐鲁。

两淮萧瑟惟狐兔。

两淮： 泛指北方沦陷的国土。

问当年、祖生去后，有人来否？

祖生： 东晋名将祖逖，曾统兵北伐。此处借指宗泽。

多少新亭挥泪客，谁梦中原块土？

新亭： 在今江苏南京市南。东晋初，北方士大夫多于此宴集，遥望中原失地，常痛哭挥泪。

算事业须由人做。

应笑书生心胆怯，向车中、闭置如新妇。

书生： 作者自称。

“向车中”句： 《梁书·曹景宗传》记载，曹性急，至扬州为贵人，拘于礼仪，颇觉行动不便，“闭置车中如三日新妇”。

空目送，塞鸿去。

〔大意〕北望中原大地，试着评论这场抗金大业该怎样去完成。记得当年太行山麓百万义军，都曾被宗泽统帅。现在朝廷对待义军如握蛇骑虎，左右为难。你这次前往京东，英雄豪杰一定很欢迎，料想那义军也会放下武器，弃暗投明。只要你效法宗泽，就能在谈笑间收复齐鲁失地。中原大地自被金兵占领后一片萧条，自从宗泽北伐后无人去收复失地。多少士大夫只会痛哭流泪，谁还会在梦中回到中原大地?收复大业也要人去做啊！笑自己如闭置车中的新妇那样胆怯，只能目送你北去，自感惭愧。

〔点评〕这首送别词立意高远，襟怀阔大，抒发收复山河的热切希望和报国热忱。对友人陈子华出镇真州(治今江苏仪征)，词人先以一代名将宗泽相期望，希望他团结义军，扫清障碍，收复中原；后再用南宋文恬武嬉、不思进取的现实相提醒，将一番劝勉，绾合于“算事业须由人做”一句中；最后叹息自己不受朝廷重用，壮志难酬。

满江红

王清惠

太液芙蓉，浑不似、旧时颜色。

太液：汉建章宫有太液池，这里泛指南宋宫苑。
芙蓉：喻嫔妃。

曾记得、春风雨露，玉楼金阙。

名播兰馨妃后里，晕潮莲脸君王侧。

忽一声、鼙鼓揭天来，繁华歇。

鼙(pí)鼓：战鼓。

龙虎散，风云灭。千古恨，凭谁说？

对山河百二，泪盈襟血。

山河百二：这里指山川险固。

驿馆夜惊尘土梦，宫车晓碾关山月。

问姮娥、于我肯从容，同圆缺。

姮娥：即月中的嫦娥。代指月亮。

〔**大意**〕宫中的芙蓉，不再有旧时的娇媚颜色。想当初，沐浴着春风雨露，开放在凤楼金阙。妃后中，艳名早播；君王身边，莲脸羞涩。猛然一声，战鼓惊天，繁华消歇。君臣像鸟兽一样散去，政权灰飞烟灭。千古亡国之恨，又该向谁诉说？面对这山川形胜，泪下沾襟。客舍风尘，夜夜从噩梦中惊醒；宫车辗转，朝朝披星戴月。问月儿可容许我相伴相随，让我与它同圆同缺。

〔点评〕王清惠是南宋度宗的昭仪。据《南村辍耕录》记载，宋亡，妃后均被俘北上，途中王清惠题写这首词于驿馆壁上，文天祥等人有和韵。词的上片写国破家亡的惨剧，下片写宫车北上的艰辛。末句欲与月儿“同圆缺”，文天祥觉得有随波逐流、希图苟免之嫌，所以代为重作一首。其实，王清惠对自己的归宿已经有了选择，她在到达大都之后，出家为女道士，超脱于尘世之外，正是此词与月儿“同圆缺”的最好解释。

沁园春

题潮阳张许公庙

文天祥

为子死孝，为臣死忠，死又何妨？

自光岳气分，士无全节，君臣义缺，谁负刚肠？

光岳：三光五岳。日、月、星为三光，泰山、衡山、华山、恒山、嵩山为五岳。

骂贼睢阳，爱君许远，留得声名万古香。

睢阳：这里指唐代镇守睢阳(今河南商丘)的真源令张巡。

许远：唐代睢阳太守，安史之乱时，与张巡协力守睢阳。

后来者，无二公之操，百炼之钢。

人生翕欻云亡，好烈烈轰轰做一场。

翕欻(xīxū)：倏忽，转瞬之间。

使当时卖国，甘心降虏，受人唾骂，安得留芳？

古庙幽沉，仪容俨雅，枯木寒鸦几夕阳。

邮亭下，有奸雄过此，仔细思量。

〔大意〕 孝子、忠臣为忠孝献身，死又何妨？自天地初分，读书人谁会不保全节操，谁肯亏缺君臣大义，辜负刚肠？骂贼而死的张巡、爱君舍身的许远，留得声名万古香。后世来者，谁能有这两人的节操，如百炼的精钢？人生百年，转瞬即逝，何不轰轰烈烈干一场！假如张、许当时苟且偷生，降虏卖国，受人唾骂，怎能万世流芳？古庙幽静深沉，二公仪容威严古雅，庙中的枯木寒鸦送走了几多夕阳。驿路上，有卖国求荣的奸雄经过此地，也应该自己认真反省、思量。

〔点评〕 张许公庙即双忠庙，是后人为纪念唐代张巡、许远在安史之乱中死难而建。南宋帝昺祥兴元年(1278)，文天祥以少保右丞相兼枢密使驻守潮阳（今属广东)，其间曾拜谒双忠庙，留下了这首自明心迹的作品。南宋王朝当时已经危若累卵，文天祥的这首词无异于一篇舍身报国的誓言。

庐山依旧，凄凉处，无限江南风物。

空翠晴岚浮汗漫，还障天东半壁。

汗漫：无边无际的样子。

雁过孤峰，猿归危嶂，风急波翻雪。

乾坤未老，地灵尚有人杰。

堪嗟飘泊孤舟，河倾斗落，客梦催明发。

河：银河。

斗(dǒu)：北斗。

南浦闲云连草树，回首旌旗明灭。

明灭：忽隐忽现。

三十年来，十年一过，空有星星发。

夜深愁听，胡笳吹彻寒月。

胡笳：北方少数民族的一种管乐器。

〔大意〕庐山依旧和当年一样，满目凄凉。雾气飘浮在苍翠的山腰，起伏明灭，无边无际，屏障着东南半壁江山。大雁掠过孤峰，哀猿回到悬崖，鄱阳湖波涛翻滚，白浪如雪。天地还没有老去，还有着大好河山、人间英杰。可叹孤舟漂泊，银河西倾，北斗低落，客梦也被催醒。回望旅途中的一草一木，都好似召唤着我的军旗忽隐忽现。三十年的功名微如尘土，十年又过去了，空生满头白发。月色清寒，忧心如焚，只听到胡笳的鸣声响彻寒夜。

〔点评〕 文天祥身处南宋末世，为国事奔走呼号，百折不挠。这首词作于鄱阳湖边。词的上片以庐山起兴，时局艰危，风急波翻，仍希望能屏障东南半壁；下片嗟叹天涯羁旅，年华老去，一事无成。字里行间可见作者的耿耿丹心，一片赤诚足以照耀千古。

琵琶弦上说相思

——情爱吟咏篇

前人有所谓“词为艳科”的说法，目的就是强调词作为一种抒情诗体，特别适于表达男欢女爱一类的题材。可以说，从词体诞生之初，爱情就成为词的主要内容。敦煌曲子词《菩萨蛮》(枕前发尽千般愿)、白居易《长相思》(汴水流) 等，就是早期的爱情词。至花间、南唐，爱情之作更是盛极一时，所作或浓艳或疏宕或旖旎或感伤，无不情思婉转，缠绵动人。

北宋前期，以晏殊、欧阳修为代表的晏欧小令直接继承了花间、南唐风范，以小令的形式描写爱情。和前人相比，这一时期的作品更注重语言的流畅清丽、情韵的深婉含蕴，而且特别注重对人生哲理的思考。其情感的深化，使得爱情词达到了新的思想高度。

北宋中期的柳永、苏轼则在体制和题材上大大拓展了爱情词。柳永以慢词形式抒写爱情，使得爱情词的铺叙、倾诉得以酣畅淋漓。苏轼则往往在爱情词中注入身世之感，美人香草，无事不可言，无意不可入，爱情词的表现空间得以空前扩展。

南渡之后，爱情词不可避免地打上了时代的烙印，李清照的怀旧感伤、辛弃疾的比兴寄托都将爱情词带入了新的境界。后期姜夔、吴文英、史达祖的爱情词一反花间与南唐的艳丽，注重风雅比兴，爱情词一变而为含蕴深厚、清丽空灵。

从总体上讲，宋代的爱情词数量庞大，而且写作手法和艺术境界多种多样，堪称百花齐放，是一种高度成熟的艺术品类。

千秋岁

张先

数声鶗鴂，又报芳菲歇。

鶗鴂(tíjué)：杜鹃鸟，春末啼叫。

惜春更把残红折。

雨轻风色暴，梅子青时节。

永丰柳，无人尽日花飞雪。

永丰柳：唐代长安永丰坊的柳树。这里泛指柳树。

莫把幺弦拨，怨极弦能说。

幺弦：琵琶的第四弦。这里代指琴弦。

天不老，情难绝。

心似双丝网，中有千千结。

结：双关，字面写丝结，暗喻情思郁结。

夜过也，东窗未白凝残月。

〔大意〕几声杜鹃的哀啼，又预示着春天过去了。惋惜春光的凋谢，把枝头残花轻折。雨弱风狂，正是梅子泛青的时节。永丰坊里的柳树，整日里飞絮如雪。用不着弹拨琴弦，满腹幽怨，空弦也能诉说。有情的上天终天不老，有情的人儿情思难绝。心儿好似双丝结成的丝网，其中有千千万万个丝结。又度过了一个漫漫长夜，东方未白，夜色冷凝了残月。

〔点评〕 这是一首伤春怀人之作。词的上片通过杜鹃悲鸣、春光消歇、雨摧风打、柳絮飘雪等悲凉的暮暮残景，表现伤春情怀，感慨于青春易逝；下片寄语琴弦，矢志永不变心，极言怀人情深，感伤于情思郁结。“心似双丝网，中有千千结”两句，形象地表达了词人对爱情的执著与忠贞。末句一个“凝”字，凝固时空，超越时空，尤其富于情韵。

红笺小字，说尽平生意。

红笺：一种精美的笺纸。

鸿雁在云鱼在水，惆怅此情难寄。

鸿雁、鱼：古人有雁足传书、鲤鱼传书的说法，这里都指传递书信的信使。

斜阳独倚西楼，遥山恰对帘钩。

帘钩：窗帘的挂钩。

人面不知何处，绿波依旧东流。

〔大意〕 粉红的信笺，密密的小字，倾吐着平生的情意。虽然有传递书信的信使在旁，满腹的惆怅却难以寄出。斜阳中孤独地倚着西楼，远山正和窗口相对。伊人的倩影不知在哪里，只有那楼前的绿水依旧东流。

〔点评〕 这是一首怀人之作。词的上片叙事，讲事情的缘起：主人公收到了心上人的来信，信上密密麻麻的小字，向他倾吐着柔情蜜意，但面对信使，主人公却无法表述自己的深情；下片抒情，写主人公独倚西楼的满腹思绪，末两句化用唐代崔护《题都城南庄》“人面不知何处去，桃花依旧笑春风”的诗意，写物是人非的岁月沧桑之感。词将眼中景、心中意娓娓道出，可谓言浅情深。

槛菊愁烟兰泣露，罗幕轻寒，燕子双飞去。

罗幕：丝罗做的帷幕。这里指室内。

明月不谙离恨苦，斜光到晓穿朱户。

谙(ān)：了解，熟悉。
朱户：朱红色的门户，指富贵人家。

昨夜西风凋碧树，独上高楼，望尽天涯路。

凋：萎谢。

欲寄彩笺兼尺素，山长水阔知何处!

彩笺：指题诗的诗笺。
尺素：指书信。

〔大意〕 花园里的菊花笼罩在雾气中像满含哀愁，兰花也像在露中饮泣。堂前渐有微寒，燕子双双离巢飞去。明月不了解人心中的无限离恨，月光通宵达旦地斜穿过屋子照进室内。昨夜秋风吹落了碧绿的树叶，我独上高楼，望断归路。想寄上写满相思之情的诗笺和书信，可是山长水阔，不知道心中的人儿在何处。

〔点评〕 这首词写闺中秋思，表现对爱情的执著与一往情深。词的上片用拟人化手法烘托秋日怀人的无限愁苦，将菊、兰、明月都赋予人的情感，营造了一种清丽而冷寂的境界；下片“昨夜西风”三句，写尽对恋人的寻觅、思念的深情，表现了对幸福的执著追求，受到普遍赞赏，王国维更推而广之，以为是人们成就大事业大学问的第一境界。

江城子

乙卯正月二十日夜记梦

苏轼

十年生死两茫茫。不思量，自难忘。

十年：东坡的第一个妻子王弗卒于治平二年(1065)，距写作这首词时正好十年。

千里孤坟，无处话凄凉。

千里孤坟：王弗死后葬于四川彭山，此时东坡在密州（今山东诸城），相去数千里。

纵使相逢应不识，尘满面，鬓如霜。

夜来幽梦忽还乡。小轩窗，正梳妆。

轩窗：面向走廊所开的窗。

相顾无言，惟有泪千行。

料得年年肠断处，明月夜，短松冈。

料得：料想。

短松冈：指王弗的墓地。

〔大意〕十年来死生永别，即使不去想，又何尝能够遗忘。孤坟远在千里之外，向谁去倾诉满腹的凄凉。此时此刻，即使相逢，想必你也认不出风尘满面、两鬓如霜的我。昨夜梦中忽然回到家乡，小窗前你正在对镜梳妆。相对默默无言，只有热泪流淌。料想年年岁岁，那明月临照长满短松的小山冈是我伤心断肠的地方。

〔点评〕熙宁八年（1075），苏轼知密州（今山东诸城），写下了这首流传千古的悼亡之词。词的上片写十年的风尘流离，十年的思念之情；下片写梦见亡妻的情境，“小轩窗，正梳妆”，温柔旖旎，反衬出“孤坟”“月夜”的孤凄与悲凉，更感人至深，令人肠断。全词纯用白描手法，语浅情深，是悼亡词的上乘之作。

临江仙

晏幾道

梦后楼台高锁，酒醒帘幕低垂。

去年春恨却来时。

却来：再来，又来。

落花人独立，微雨燕双飞。

记得小蘋初见，两重心字罗衣。

小蘋：歌女名。

两重：暗示心心相印。

心字罗衣：绣有心字图案的绫罗衣裳。

琵琶弦上说相思。

当时明月在，曾照彩云归。

彩云：古代常用于比喻美丽而薄命的女子。这里指小蘋。

〔大意〕 醉梦中醒来，高高的楼台紧紧锁闭，重重的帘幕已经沉沉低垂。去年的春愁春恨，此刻又来到心扉。落红满地，孤独的人儿茕茕孑立；细雨霏霏，幸福的燕子双栖双飞。记得当年，初见小蘋，早已两心相许。琵琶弦上，她向我倾吐过相思的情意。当时的明月正如今夜这样皎洁，映照着她如彩云般飘然而去。

〔点评〕 这首词是追念歌女小蘋的一首怀旧之作。词的上片写别后的思念，表现作者对感情的执著；下片追忆当年的温馨，表现对往昔欢乐生活的怀念。由于作者将身世之感融入了词中，词作显得含蓄蕴藉、情思悠远。

彩袖殷勤捧玉钟，当年拚却醉颜红。

彩袖：这里指穿彩衣的歌女。
玉钟：酒杯的美称。
拚(pàn)却：甘愿，不惜。

舞低杨柳楼心月，歌尽桃花扇底风。

从别后，忆相逢，几回魂梦与君同。

今宵剩把银釭照，犹恐相逢是梦中。

剩把：尽把。
银釭(gāng)：指灯。

〔大意〕当年你殷勤地捧上酒杯，我也心甘情愿地为你醉得满面飞红。你翩翩的舞姿送走了楼头明月，你悦耳的歌声唱尽了扇底清风。离别之后，总是想着相逢，不知有多少回与你梦魂相通。今晚点亮银灯将你细细打量，还担心这次相逢又在梦中。

〔点评〕这首词写情人的久别重逢。词的上片写当年欢聚的热闹场面，“舞低”一联工稳清丽；下片写别后的思念以及重逢的惊喜：多少次梦中相逢留下的只有失望，及至真的相逢却又怀疑是在梦中。情真意切，刻骨铭心。

纤云弄巧，飞星传恨，银汉迢迢暗度。

银汉：银河。
迢迢：遥远的样子。

金风玉露一相逢，便胜却人间无数。

金风：秋风。

柔情似水，佳期如梦，忍顾鹊桥归路？

鹊桥：相传每年农历七月初七喜鹊在银河上排列成桥，让牛郎织女相会。

两情若是久长时，又岂在朝朝暮暮。

〔大意〕淡淡的云彩摆弄出巧妙的花样，飞驰的流星传递着重重离恨，牵牛织女在夜空中悄悄飞渡辽阔的银河。在秋风秋露里短暂地相聚，便胜过了人世间无数次的欢会。柔情脉脉好似盈盈的春水，相聚的日子如幻如梦，怎么忍心回头看那鹊桥归路？两情如果是天长地久，又何必朝朝暮暮相依相守。

〔点评〕这首词咏写牛郎织女鹊桥相会，写景、抒情、议论融为一体。词中喜与哀交融，天上人间融而为一，表现了至纯至真的爱情。“两情若是久长时，又岂在朝朝暮暮”是咏唱爱情的千古名句，它将全词的境界升华到前所未有的高度，明代沈际飞称之：“七夕以双星会少别多为恨，独谓情长不在朝暮，化腐朽为神奇。”

重过阊门万事非，同来何事不同归？

阊门：苏州城西门，为作者旧居。

梧桐半死清霜后，头白鸳鸯失伴飞。

梧桐半死：这里指夫妻一生一死。

原上草，露初晞。旧栖新垄两依依。

晞(xī)：晒干。
旧栖：旧居。
新垄：新坟。

空床卧听南窗雨，谁复挑灯夜补衣？

〔大意〕再次经过阊门，物是人非。当年一同来到这里，如今为何不能同归?严霜摧残，梧桐半死；鸳鸯失去了伴侣，还在孤独地低飞。原野上青草的露珠已被晒干，旧日的住房和新砌的坟墓依依难舍。躺在空荡荡的床上，听着窗上雨点的滴滴答答声，还有谁深夜挑灯，为我缝补衣衫?

〔点评〕这首词是作者为悼念妻子赵氏而作。词的上片写旧地重游，物是人非，以两则比喻抒发丧妻之痛；下片写思念之情，“两依依”，缠绵悱恻。“谁复挑灯夜补衣”，将夫妻一生贫贱相守的温馨旖旎，凝结在这至为普遍、至为质朴的细节上，情景宛然，感人至深，催人泪下。

凌波不过横塘路，但目送、芳尘去。

凌波：形容女子轻盈的脚步。

横塘：地名，在苏州城外十余里，贺铸有别墅在此。

锦瑟华年谁与度？

锦瑟华年：这里指美好的青春年华。

月桥花院，琐窗朱户，只有春知处。

琐窗：雕有连环形花纹的窗户。

飞云冉冉蘅皋暮，彩笔新题断肠句。

冉冉：形容缓慢飘动的样子。

蘅皋：长满香草的河岸。

若问闲情都几许？

都：总共。

一川烟草，满城风絮，梅子黄时雨。

一川：满地一片。

梅子黄时雨：梅子黄熟时节所下的雨，指梅雨。

〔**大意**〕 伊人轻盈的脚步没有来到横塘，我只好目送她翩翩而去。正值青春年华，她会与谁共度时光？月桥、花院、琐窗、朱户，只有春光知道她的去处。暮云渐渐笼罩了江岸，抽笔题下这断肠的诗句。如果要问我此刻有多少闲愁，那满地的烟波蔓草，弥漫全城的柳絮，还有那绵绵无尽的梅雨——数数它们有多少，我的愁与恨就有多少。

〔点评〕 这是一首伤春怀人之作。词的上片写惊鸿一瞥的场景，下片写别后的思念。末三句形容相思闲愁的无所不在、永无穷尽，比喻工巧，韵味缠绵，当时曾流传遐迩，作者也由此得名“贺梅子”。黄庭坚曾赞道：“解道江南断肠句，只今惟有贺方回。”

泪湿阑干花著露，愁到眉峰碧聚。

阑干：纵横交错的样子。

此恨平分取，更无言语空相觑。

相觑（qù）：相看。

断雨残云无意绪，寂寞朝朝暮暮。

今夜山深处，断魂分付潮回去。

〔**大意**〕珠泪纵横，好像带露的花朵；眉峰紧锁，好像碧云凝聚。此情此恨我们二人分担，不再有半句多余的言语，只有无言地默默相对。零落的小雨让人了无情绪，就这样朝朝暮暮享受孤独。今夜此时，乱山深处，只有让我的一缕断魂，陪伴你跟着潮头回去。

〔点评〕这是一首送别词。词的上片写临别之前两人相对无言的凄凉，“更无言语空相觑”，描摹形象细致入微；下片写临别之际的恋恋不舍，“断魂分付潮回去”，柔情万种，缠绵悱恻。《清波杂志》认为毛滂因这首词受知于苏轼，虽然未必准确，但这首词在当时流传很广，是可以肯定的。

并刀如水，吴盐胜雪，纤指破新橙。

并刀：锋利的刀，山西刀剪以锋利著称。并，地名，今山西太原地区。

吴盐：细盐。吴，地名，今浙江地区，其地盛产海盐。按：用盐水浸泡水果，可以去掉酸涩味。

锦幄初温，兽香不断，相对坐调笙。

锦幄：华美的帷幕，这里指女子的闺房。

兽香：香炉中的香烟。兽，铸造为兽形的香炉。

低声问，向谁行宿？城上已三更。

谁行(háng)：哪边，什么地方。

马滑霜浓，不如休去，直是少人行。

去：离开。

直：反正。宋代俗语。

〔**大意**〕快刀清亮如水，吴盐细细胜雪，纤纤玉指划破了新摘的香橙。兽炉边香气萦绕，闺房里刚刚加温，面对面坐下，调一调久违的琴笙。低声问道：已经过了三更，去哪里住宿？霜意浓，路湿马滑，不如不要离去，反正大路上已经少有行人。

〔点评〕这是一首艳情词。词的上片描绘了闺房之中温馨的场景，下片借女子之口表现依恋难舍之情。词写男女之情，极尽缠绵之致，而无狎亵之态。谭献《词辨》认为它“丽极而清，清极而婉”。

月皎惊乌栖不定，更漏将阑，辘轳牵金井。

皎：洁白。
金井：有雕饰的井栏。

唤起两眸清炯炯，泪花落枕红绵冷。

炯炯：明亮的样子。
红绵：指枕心。

执手霜风吹鬓影，去意徊徨，别语愁难听。

徊徨：彷徨。

楼上阑干横斗柄，露寒人远鸡相应。

阑干：横斜的样子。
斗(dǒu)柄：北斗七星中的五至七三颗星，形似斗柄。

〔大意〕 月光皎洁，乌鸦误以为天亮栖息不定；五更天快要过了，井台上传来辘轳的汲水声。伊人的双眸亮晶晶的，成串的泪珠打湿了红绵枕。手握着手，秋风吹动着鬓边的头发，依依不舍，多少离别的话因心情愁苦而听不下去。小楼角上，北斗星已经横斜，露重天寒，行人远去，只有远近的晨鸡在相互啼鸣。

〔点评〕 这首词写秋天的早晨送别爱人。词的上片写离人枕上所闻，乌啼、残漏、辘轳声将离人惊醒，“唤起”两句极写缠绵之情；下片写离别的凄楚，执手话别，人儿远去，只有鸡声相应。词中情景交融，描写精细入微。

世人作梅词下笔便俗，予试作一篇，乃知前言不妄耳。

藤床纸帐朝眠起，说不尽无佳思。

藤床：藤制的凉床。

纸帐：用藤皮茧纸做成的帐子。

沉香断续玉炉寒，伴我情怀如水。

笛声三弄，梅心惊破，多少游春意。

三弄：抚弄三曲。这里指笛曲《梅花三弄》。

小风疏雨萧萧地，又催下千行泪。

疏雨：稀疏的小雨。

萧萧：象声词。

吹箫人去玉楼空，肠断与谁同倚？

吹箫人：这里代指丈夫赵明诚。

一枝折得，人间天上，没个人堪寄。

〔大意〕清晨一觉醒来，只是了无心绪。玉炉香断，情怀淡如水。何处传来笛声，惊破了游春的兴趣。微风萧萧，细雨飘飘，又催下了多少行泪珠。吹箫人去，肝肠寸断，如今与谁同倚玉楼？纵然折得江南梅花，又有谁可以远寄？

〔点评〕作者这首词托言咏梅，实际上是悼念丈夫赵明诚。词的上片写其疏懒之态，下片写其肠断之情。梅花三弄，惊破春情；梅花堪折，无处可寄。诗人的“无佳思”“情怀如水”，原因即在于此。

钗头凤

陆游

红酥手，黄縢酒。满城春色宫墙柳。

黄縢(téng)酒：黄封酒，为当时的宫酒。

宫墙：指绍兴沈园的围墙。

东风恶，欢情薄。

一怀愁绪，几年离索。错，错，错。

离索：离散。

春如旧，人空瘦。泪痕红浥鲛绡透。

浥(yì)：沾湿。

鲛绡(jiāoxiāo)：薄纱。这里指手帕。

桃花落，闲池阁。

山盟虽在，锦书难托。莫，莫，莫。

锦书：书信。

莫：罢了。

〔**大意**〕 红润白嫩的双手捧上黄纸封口的美酒，矮墙边的柳树染得满城春色浓。可叹东风作恶，吹得这欢情离散。几年别离只留下满腹忧愁。是谁酿成了这样的错！春色依旧，人已憔悴消瘦，泪水湿透了手帕，伤心又有何用。桃花飘落，池阁冷落。纵然有山盟海誓在心中，也难以写信诉说！

〔**点评**〕 陆游娶妻唐琬，夫妻恩爱，后被母亲逼迫分手。一次春游沈园时，陆游与唐琬相遇，此时二人已各自成家。陆游题此词于沈园壁上，唐琬读后和词一首，不久以后即郁郁亡故。陆游的这首词上片忆旧，下片抚今，将过去爱情生活的甜美和现在生离的悲苦对应起来表现，“错，错，错”“莫，莫，莫”表现了美满爱情遭到破坏后的痛苦与愤恨以及往事不堪回首的无奈与绝望。

宝钗分，桃叶渡，烟柳暗南浦。

宝钗分：古代男女分别时将宝钗分为两股，各留一半以作纪念。
桃叶：晋代王献之的爱妾。
南浦：地名。这里泛指送别之地。

怕上层楼，十日九风雨。

断肠片片飞红，都无人管，更谁劝啼莺声住？

鬓边觑。试把花卜归期，才簪又重数。

罗帐灯昏，哽咽梦中语：

是他春带愁来，春归何处？

却不解带将愁去。

〔大意〕宝钗已经分开，桃叶已经离去，只剩下南浦烟柳迷离。从此以后怕上高楼，怕对那绵绵不绝的风风雨雨。那令人断肠的片片落花，有谁去管？那声声哀啼的黄莺，又有谁去劝它稍稍停歇？看一眼鬓角的花朵，摘下花瓣卜算归期，才簪上，又重数。绫罗帐里，灯光昏暗，睡梦中哽咽低诉：都怨春光带来春愁，春天现在去了哪里，为什么不把春愁一起带去？

〔点评〕 据张端义《贵耳集》记载，这首词是作者送别去妾吕氏所作。词借晚春之景，备述相思愁情。词的上片写男子别后的惆怅，下片写女子别后的相思。沈谦《填词杂说》认为它“昵狎温柔，魂销意尽”。有人以为这首词“借闺怨以抒其志”(《蓼园诗选》)，也可备一说。

鹧鸪天

元夕有所梦

姜夔

肥水东流无尽期，当初不合种相思。

肥水：源出合肥西南，其东支经合肥入巢湖，其西支经寿县入淮河。这里指东支。

梦中未比丹青见，暗里忽惊山鸟啼。

春未绿，鬓先丝。人间别久不成悲。

谁教岁岁红莲夜，两处沉吟各自知。

红莲夜：指元宵节。红莲，花灯。

〔大意〕肥水东流无穷无尽，在这里种下的相思之恨又何尝不是如此。梦中的倩影还不如画像清晰，鸟啼声又打断了梦里的情景。春风还没有吹绿原野，鬓角却早已布满了丝丝白发。离别得太久，刻骨的哀痛已变得麻木呆痴。年年岁岁的元宵灯夜，两处相思之情只有各自心知。

〔点评〕作者年轻时在合肥有过一段艳遇，二十多年之后的一个元宵之夜，他在梦中再次见到了昔日的情人，可惜伊人的倩影已经相当模糊了。事隔多年，只有两地的相思之情无穷无尽，正如东流的肥水一样。“不成悲”三字写哀痛的深沉，较之少男少女们的卿卿我我，更为哀怨。

门隔花深梦旧游，夕阳无语燕归愁。

玉纤香动小帘钩。

玉纤：美人的手。

落絮无声春堕泪，行云有影月含羞。

落絮：飘落的柳絮。

东风临夜冷于秋。

〔大意〕在梦中，回到了曾经难分难舍的地方，夕阳默默无语地照着庭院中狭长的花径，归巢的燕子也在为离别发愁。她轻轻地掀开门帘，送别情人。飘落的柳絮像春天的泪水，月亮躲在云朵后面伤心。春风吹拂的夜晚，凄寒更胜过秋天。

〔点评〕这是一首怀人感梦的词。全词的重点是写离情，但落笔则全在景物描写上。用景物寓写感情，因此这首词显得含蓄，耐人寻味。

泪眼问花花不语

——闺中情思篇

从晚唐温庭筠、韦庄开始，女性就成为词中描写的主要题材。之所以如此，是因为词本来就是歌舞宴筵佐兴娱宾的产物，而词的演唱者又大多是十七八岁的女郎。所以《花间集序》也就坦然承认："递叶叶之花笺，文抽丽锦；举纤纤之玉指，拍按香檀。"对词作诞生的生活环境以及词体的性质，表述得明白而准确。

宋词的创作上承花间、南唐，仍然以女性为主要对象。不过，同样描写女性，宋词与花间词也有所不同。花间词人写女性，注重其外在形态主要是体态、服饰的描绘，少数作品甚至带有色情倾向，而且风格大都浓丽艳冶。南唐以下，变浓艳为清丽；晏殊、欧阳修以下，又将描绘的重点由女性的外貌转向女性情思。从柳永、秦观开始，词人们开始更多地关心女性的生活。他们笔下的妓女不再仅仅是供词人素描写生的花瓶，而是有血有泪有痛苦有追求的活生生的个体。于是，女性的闺中生活成了词的一个重要题材。此外，朱淑真、李清照等女词人的作品中，反映她们自己闺中情思的作品也占有相当大的比重。这样，闺情之作在宋词中也就占有不容忽视的一席之地。

南歌子

欧阳修

凤髻金泥带，龙纹玉掌梳。

凤髻：绾结为飞凤形的发髻。

金泥带：涂有金粉的绸带。

走来窗下笑相扶，爱道：画眉深浅入时无？

“画眉”句：引用唐代朱庆馀《近试上张水部》中诗句：“妆罢低声问夫婿，画眉深浅入时无？”

弄笔偎人久，描花试手初。

等闲妨了绣功夫。

笑问：双鸳鸯字怎生书？

怎生：怎样。

〔大意〕凤形发髻上扎好绸带，再插上刻有龙纹的玉梳。走来窗下含笑相扶，总爱问：“画眉的深浅是否时髦？”依偎着丈夫玩弄毛笔，初学描花涂涂抹抹，不知不觉耽误了刺绣的功夫。还笑着问道：“鸳鸯这两个字该怎样写？”

〔点评〕这首词写闺中少妇的娇媚之态。“笑相扶”“偎人久”，生动传神；两句问话，尤富情趣。

庭院深深深几许？杨柳堆烟，帘幕无重数。

玉勒雕鞍游冶处，楼高不见章台路。

玉勒雕鞍：嵌玉的马笼头和雕花的马鞍。代指男子。
章台：歌妓聚居的地方。

雨横风狂三月暮。门掩黄昏，无计留春住。

雨横风狂：指风雨猛烈。

泪眼问花花不语，乱红飞过秋千去。

乱红：零乱的落花。

〔**大意**〕庭院深深，到底有多深？杨柳含烟带雾，掩映着重重帘幕。高楼再高，也望不见那章台街的路，那里男子们正在寻欢作乐。雨横风狂，已是暮春。重门遮掩了黄昏，没有办法将春天留住。含着泪水询问花儿，花儿也默默不语。那随风飘舞的片片飞红，却向秋千架外飞去。

〔点评〕这首词抒写闺怨，主要通过对思妇所处环境的描绘烘托，刻画思妇深闺独处感物伤怀的心绪。怀人而人儿走马章台，望而不见；问花而花儿飞过秋千，留春不住：无限惆怅寂寞之情因之而生，被抛弃的感觉由此强化。春光消逝，花儿零落，而自己也只剩下满腹哀怨和心酸，禁不住泪眼蒙眬。

减字浣溪沙

贺铸

楼角初销一缕霞，淡黄杨柳暗栖鸦。

玉人和月摘梅花。

笑撚粉香归洞户，更垂帘幕护窗纱

撚：拈，用手指捏东西。

东风寒似夜来些。

〔大意〕楼角刚刚抹去最后一缕晚霞，杨柳刚刚泛出嫩黄，暮色中开始飞回几只归巢的乌鸦。亭亭玉立的美人儿，在皎洁的月光下采摘梅花。含笑拈香回到闺房中，垂下窗帘遮护窗纱。东风还带着几分寒意，似乎比入夜时要冷上几分。

〔点评〕这是一首闺情词。词中的女主人公和月摘梅、含笑拈香，和大多数同类题材的作品相比，这首词显得更为轻松，更为闲适淡雅，杨升庵《词品》称赞这首词“句句绮丽，字字清新”。

蝶恋花
送春

朱淑真

楼外垂杨千万缕。

欲系青春，少住春还去。

系： 拴住。
青春： 美好的春天。

犹自风前飘柳絮，随春且看归何处。

犹自： 还在。

绿满山川闻杜宇。

杜宇： 杜鹃鸟，啼声似云“不如归去”。

便做无情，莫也愁人苦？

便做： 即使。
莫也： 岂不也。

把酒送春春不语，黄昏却下潇潇雨。

潇潇： 形容雨声。

〔大意〕 楼外千万缕柳丝想挽留住美好的春天，可春天稍作停留后还是归去了。风中柳絮还在飘飞，似乎要随着春天去看春归向何处。大地一片绿色，杜鹃声声“不如归去”。即使杜鹃无情，岂不念人儿愁苦？举起酒杯送春，春天也不言语，黄昏时分天却下起了雨。

〔点评〕 这首词描写暮春景色，表现惜春情怀。垂柳系春、柳絮随春、杜宇啼春是春末的景色，而潇潇雨声则标志着春季的结束。“把酒送春春不语，黄昏却下潇潇雨”，与欧阳修《蝶恋花》中“泪眼问花花不语，乱红飞过秋千去”有异曲同工之妙。在暮春景色的描绘中，寄寓着作者对自己逝去的青春的留恋。

如梦令

李清照

昨夜雨疏风骤，浓睡不消残酒。

残酒：隔夜的醉意。

试问卷帘人，却道海棠依旧。

卷帘人：指婢女。

知否知否，应是绿肥红瘦。

〔大意〕 昨夜里风声紧雨声稀，沉沉的一觉也未能消解隔夜的醉意。试探着问问卷帘的侍女外面怎样，却回答说海棠花儿依然如旧。粗心的侍女你可知道，一夜风雨后，海棠的红花应该更加稀疏，绿叶应该更加肥厚。

〔点评〕 这首词写闺中女儿对暮春时刻春意凋零的独特感受。“绿肥红瘦”，刻画出雨后花儿零落、绿叶浓郁的情态，细腻传神。

蹴罢秋千，起来慵整纤纤手。

蹴(cù)：踏，蹬。
慵：疏懒。

露浓花瘦，薄汗轻衣透。

见有人来，袜刬金钗溜。

袜刬(chǎn)：只穿着袜子(走路)。刬，只。
溜：滑落。

和羞走，倚门回首，却把青梅嗅。

〔大意〕荡完了秋千，站起身来，懒洋洋地擦着纤纤玉手。露水正浓，花儿稀疏，微微的香汗把单薄的春衣湿透。看见有客人进门，金钗滑落，只穿着罗袜就走。含羞而去，倚门回过头来，佯装把青梅嗅。

〔点评〕这首词写一位青春少女的天真无邪。词的上片写少女的闺中游乐，荡荡秋千，看看花儿，虽然闲适舒徐，但一个“慵”字，暗传心绪。下片写客人到来之际少女的娇憨之态，生动传神，富于生活情趣：“袜刬金钗溜”，写少女初见生人时的羞涩与惊慌；“倚门回首”，写少女的好奇；“却把青梅嗅”，写少女的狡黠与顽皮。

香冷金猊，被翻红浪，起来慵自梳头。

金猊：铸为狻猊(传说中的一种猛兽)形状的金属香炉。

任宝奁尘满，日上帘钩。

宝奁：梳妆匣。

生怕离怀别苦，多少事欲说还休。

新来瘦，非干病酒，不是悲秋。

休休！这回去也，千万遍阳关，也则难留。

阳关：指古代送别曲《阳关三叠》。

念武陵人远，烟锁秦楼。

武陵人：指传说中入山采药遇仙女的刘晨、阮肇。这里指作者的丈夫赵明诚。

秦楼：秦穆公之女弄玉所住之楼。这里指作者所住楼阁。

惟有楼前流水，应念我终日凝眸。

凝眸处，从今又添，一段新愁。

〔**大意**〕 香炉早已火冷香消，被子也乱堆在床上，起床之后，浑身慵懒，不想去梳头。任随那梳妆盒沾满灰尘，太阳高高地挂上帘钩。只怕那离愁别苦，有多少心事欲说还休。近来日渐消瘦，并不是沉溺美酒，也不是伤春悲秋。算了！算了！这回他真的要离去了，即使唱上千万遍《阳关三叠》，也难以挽留他。他像武陵人一样远去，烟雾空锁着我的小楼。只有那楼前的流水，知道我整天在这里深情凝望。从今以后，凝眸远望时又增添了一段新愁。

〔点评〕 这首词是作者为送别丈夫而作。词的上片写女主人公了无情绪的慵懒，下片则直抒相思之情。李攀龙《草堂诗余隽》评价这首词："写其一腔临别心神，新瘦新愁，真如秦女楼头，声声有和鸣之奏。"

一剪梅

李清照

红藕香残玉簟秋，轻解罗裳，独上兰舟。

簟(diàn)：竹席。

云中谁寄锦书来？雁字回时，月满西楼。

锦书：回文锦字书。这里指夫妻间的书信。

雁字：雁行，雁阵，大雁排成的“人”字或“一”字。

花自飘零水自流，一种相思，两处闲愁。

此情无计可消除，才下眉头，却上心头。

〔大意〕 红莲凋谢，竹席生凉，又是一番金秋景色。轻轻解下罗裙，独自登上小舟。谁为我捎来远方的书信？大雁归来的时候，月光洒满西楼。花自飘零，水自东流，一样的相思情绪，两地的无边闲愁。这样的情绪没有办法可以消除，刚刚卸下眉头，又悄悄涌上心头。

〔点评〕 据《琅嬛记》记载，李清照新婚不久，赵明诚即负笈远游，临别之际作者在锦帕上题写此词以赠。词的上片写临别的缠绵，下片写别后的思念。《古今女史》称这首词：“颇尽离别之情，语意飘逸，令人省目。”

声声慢

李清照

寻寻觅觅，冷冷清清，凄凄惨惨戚戚。

乍暖还寒时候，最难将息。

将息：调养休息。

三杯两盏淡酒，怎敌它、晚来风急？

雁过也，正伤心，却是旧时相识。

满地黄花堆积，憔悴损，如今有谁堪摘？

守着窗儿，独自怎生得黑？

梧桐更兼细雨，到黄昏点点滴滴。

这次第，怎一个愁字了得？

次第：情形，光景。

〔大意〕东寻寻，西找找，心中若有所失；秋风秋雨，冷冷清清，满目凄惨悲戚。这忽暖忽寒的天气，让人最难以调养将息。三杯两杯淡酒，怎么敌得过傍晚风急？正在睹物伤情，大雁飞过，却是当年的旧相识。满地都是菊花，憔悴凋零，还有谁去采摘？独自一人，守着窗儿，怎么能挨到天黑？秋风梧桐，再加上黄昏时蒙蒙细雨仍在淅淅沥沥地下。此情此景，怎么能用一个“愁”字了结得了？

〔点评〕 这首词作于南渡之后，此时作者流落江南，丈夫已死，孤苦伶仃。这首词写秋日闺思。“守着窗儿”，是全词视角的出发点。满目秋色，满腹秋思，正在这小窗一望之间。从结构而言，有杜甫“窗含西岭千秋雪”之妙。

永遇乐

李清照

落日熔金，暮云合璧，人在何处？

染柳烟浓，吹梅笛怨，春意知几许！

元宵佳节，融和天气，次第岂无风雨？

次第：这里是转瞬之间的意思。

来相召，香车宝马，谢他酒朋诗侣。

中州盛日，闺门多暇，记得偏重三五。

中州：这里指北宋都城汴京。

三五：正月十五。

铺翠冠儿，捻金雪柳，簇带争济楚。

铺翠冠儿：镶上了翡翠的帽子。

捻金雪柳：嵌入了金线的雪柳。雪柳，妇女的一种头饰。

簇带：即“簇戴”，指插戴首饰。

济楚：整整齐齐。

如今憔悴，风鬟霜鬓，怕见夜间出去。

不如向帘儿底下，听人笑语。

〔大意〕昏黄的落日像熔化的黄金，暮云环合像是璧玉，不知道当年的人儿现在哪里？浓浓的烟霭染浓了绿柳，笛中传出《梅花落》的哀怨，不知不觉已经有了几分春意。元宵佳节，天气晴朗，只怕转瞬间又飘来风雨。谢绝了宝马香车，谢绝了酒朋诗侣的邀约。记得当年汴京繁华的岁月，闺中生活优游闲适，最看重这元宵灯夜。戴上镶了翡翠的帽子，插上用金钱捻丝所制的雪柳，全身穿戴得整整齐齐。如今容颜憔悴，白发蓬乱，更怕在夜里出去。不如躲在帘子下边，听听人们的欢声笑语。

〔点评〕 这是作者晚年流寓江南的一首作品。靖康之变，作者家破人亡，早年过着幸福温馨生活的贵妇，变成了流落不偶的江南游子。所以，追念昔日繁华，感慨今昔盛衰，就成为李清照晚年作品的主调。这首词追忆昔日汴京元宵佳节火树银花的热闹场面，进而与此刻“风鬟霜鬓”“怕见夜间出去”的憔悴形象形成鲜明的对比，兴亡之感，油然而生。刘辰翁说：“余自乙亥上元诵李易安《永遇乐》，为之涕下，今三年矣，每闻此词，辄不自堪。”可见这首词感人至深的艺术魅力。

秦楼月

范成大

楼阴缺，阑干影卧东厢月。

楼阴：这里指月光投射高楼留下的阴影。

东厢月，一天风露，杏花如雪。

隔烟催漏金虬咽，罗帏暗淡灯花结。

漏：漏壶，古人滴水计时的仪器。

金虬：铜制的龙形箭，用以标识水位的高低，同时也就标示了时刻的早晚。

灯花结，片时春梦，江南天阔。

“片时”两句：用岑参《春梦》“枕上片时春梦中，行尽江南数千里”之意。

〔大意〕 高楼的阴影遮蔽着庭院，只有楼头栏杆的空隙为东厢送来了月色。东厢的月色伴随着满天风露，映照着如雪的杏花。风烟外传来漏壶滴滴答答的幽咽声，罗帐里灯光暗淡，灯花空结。灯花空结，只有在这片刻的春梦中回到千里之外的江南。

〔点评〕 这首闺怨词写月下怀远。月色中，风露下，静听铜壶滴漏的幽咽，只有春梦可以让人瞬息千里，去到江南，可惜，好梦又只有片刻。况周颐《蕙风词话》称道这首词“纯任自然，不假锤炼”。

群芳过后西湖好

——名胜题咏篇

“江山留胜迹，我辈复登临。”用词体来歌咏名胜之地，早在中唐就已经开始，白居易的《忆江南》写苏州、杭州风光，是流传遐迩的名篇。至宋初，潘阆以十首《酒泉子》描写杭州，西湖、孤山、吴山、钱塘潮等等都被词人纳入笔下。至北宋中期，欧阳修以十三首《采桑子》描写颍州西湖，作品也流传一时。上述作品的共同特点都是以摹写景物为主，而且篇幅短小，语言凝练，近似于诗中绝句。

到北宋中后期，名胜题咏之作开始发生变化，柳永的《望海潮》(东南形胜) 以长调铺写杭州风光，使得这类作品的创作体制更丰富，笔触更细腻。王安石的《桂枝香》(登临送目) 咏写金陵，苏轼的《念奴娇》(大江东去) 咏写赤壁，这些作品又在山川名胜、景物描写中将古与今融为一体，发思古之幽情，浇今人之块垒，使得这一类型的作品在题材内容方面大大扩充了容量。从此之后，名胜题咏之作异彩纷呈，写景、抒情、记事、议论，无事不可入，无意不可言。用诗歌来比拟，这一时期的名胜题咏之作近乎乐府，篇幅或长或短，笔锋或直或奇，文理自然，姿态横生。和早期的小令词相比，自然是大异其趣。

长忆钱塘，不是人寰是天上。

钱塘：今浙江杭州。
人寰(huán)：人世间。

万家掩映翠微间，处处水潺潺。

翠微：苍翠的山色。

异花四季当窗放，出入分明在屏障。

别来隋柳几经秋，何日得重游。

隋柳：隋炀帝开凿运河，沿堤植柳，故称隋柳。这里指运河边的柳树。

〔**大意**〕 时刻怀念着钱塘，那里不像人间像天堂。青翠的山色掩映着千家万户，到处流水潺潺。一年四季都有奇异的花儿在窗外怒放，进进出出好像绕行在花的屏障。告别隋堤的垂柳已经几年，不知什么时候能够旧地重游。

〔点评〕 潘阆有《酒泉子》十首写杭州的名胜风光。这首词为第一首，总写杭州气象。“万家掩映翠微间”，写出杭州形势。四处流水潺潺，鲜花四季开放，是江南特有的景象，这一点给作为北方人的作者留下了最为深刻的印象。

望海潮

柳永

东南形胜，三吴都会，钱塘自古繁华。

形胜：地理条件优越的地方。
三吴：吴兴、吴郡、会稽合称三吴，包括今江苏南部与浙江北部地区。
钱塘：今浙江杭州。

烟柳画桥，风帘翠幕，参差十万人家。

参差(cēncī)：长短不一。这里指楼阁高低不齐。

云树绕堤沙。怒涛卷霜雪，天堑无涯。

天堑：天然的壕沟。这里指钱塘江。

市列珠玑，户盈罗绮，竞豪奢。

珠玑：珠宝。
罗绮：泛指丝绸。

重湖叠巘清嘉。有三秋桂子，十里荷花。

重湖：西湖被白堤、苏堤分为里湖、外湖，所以称作重湖。
叠巘(yǎn)：重叠的山峦。
三秋：农历九月。

羌管弄晴，菱歌泛夜，嬉嬉钓叟莲娃。

羌管：笛子。
菱歌：采莲女子所唱的歌。
莲娃：采莲的女子。

千骑拥高牙。乘醉听箫鼓，吟赏烟霞。

高牙：古将军旗竿用象牙装饰。这里指驻节杭州的两浙转运使孙何的仪仗。
烟霞：山水美景。

异日图将好景，归去凤池夸。

图：这里用作动词，绘制。
凤池：凤凰池，中书省所在地。这里代指朝廷。

〔大意〕杭州是东南地区的形胜之地、吴越的大都市，自古以来就富庶繁华。烟波笼罩的柳堤画桥，随风摇曳的珠帘翠幕，高高低低的楼阁中聚集着十万户人家。远望似云的树木环绕着长堤，怒吼的波涛卷起白雪般的浪花，钱塘江如一道天堑，浩浩荡荡，横无际涯。市场上陈列着无数的珠宝，家家户户都装满了绫罗绸缎，争先恐后地比赛着富裕奢华。重重湖泊，层层山峦，清丽可人。更有那三秋飘香的月桂，十里斗艳的荷花。无忧无虑的渔翁吹起的羌笛声在晴空中缭绕，美丽的采莲少女的歌声在夜空中回响。千军万马簇拥着高高的牙旗，那是太守乘醉出游。听听动听的箫鼓，吟咏欣赏山水美景。他日一定要描画出这美景，回到朝廷去向同僚夸耀。

〔点评〕柳永早年赴汴京应试，途经杭州，以这首词进献驻节杭州的两浙转运使孙何。这首词如一篇短赋，上片写杭州的富庶繁华，下片写西湖的清丽秀美。相传金主完颜亮听此词，至“三秋桂子，十里荷花”，遂起投鞭渡江之志。这首词音律谐美、笔法灵变，是吟咏城市的佳作，为历代词人所赞赏。

采桑子

轻舟短棹西湖好，绿水逶迤，

棹(zhào)：船桨。

逶迤(wēiyí)：曲折绵延的样子。

芳草长堤，隐隐笙歌处处随。

无风水面琉璃滑，不觉船移。

琉璃：一种矿石质的有色半透明体材料，以表面光滑著称。

微动涟漪，惊起沙禽掠岸飞。

涟漪(liányī)：水面的微波。

〔大意〕一叶轻舟，一支短桨，荡舟在西湖上。西湖是那样美丽：碧绿的湖水曲折绵延，芳草长满了长堤，处处传来隐隐约约的笙歌声。没有一丝风，水面如琉璃般光滑。不知不觉之间，小船已悄悄前移。只有那微微漾起的涟漪，将沙滩上的水鸟惊起，掠过湖岸飞去。

〔点评〕宋神宗熙宁四年(1071)，欧阳修以观文殿大学士太子少师致仕，定居颍州(今安徽阜阳)。颍州有西湖，欧阳修常流连其间，因作《采桑子》十三首写颍州西湖的胜景。这首词上片写西湖的繁华，笙歌处处，不亚于钱塘；下片写湖面静景，水波不兴，船行不觉，涟漪惊飞沙禽，以动写静，静中见动，描摹细致入微。

群芳过后西湖好，狼籍残红，

群芳： 百花。
狼籍： 纵横散乱的样子。
残红： 落花。

飞絮蒙蒙，垂柳阑干尽日风。

飞絮： 指柳絮。

笙歌散尽游人去，始觉春空。

春空： 春意消失。

垂下帘栊，双燕归来细雨中。

帘栊： 窗帘。栊，窗。

〔大意〕 百花凋谢之后，西湖还是那样美丽：落红满地，纷飞的柳絮迷迷蒙蒙，栏外垂柳在春风中摇曳多姿。笙歌散尽，游人离去，才觉得春意已经消失。轻轻放下窗帘，这才发现，去年的燕子在霏霏的细雨之中归来。

〔点评〕 这首词写颍州西湖的暮春景象。落英缤纷、柳絮纷飞的暮春景色，常引发人们的惋惜之情。而作者面对颍州西湖的暮春，却发出了由衷的赞美之声。群芳凋零，往日游人不断、笙歌不绝的场景已不复存在，作者此时“始觉春空”但仍赞叹“西湖好”。落红满地，飞絮蒙蒙，垂柳依依，双燕归来，没有春意阑珊的伤感，只有随运任化的闲适和一缕淡淡的惆怅。

登临送目，正故国晚秋，天气初肃。

故国：故都，指金陵，它是六朝建都之地。

千里澄江似练，翠峰如簇。

练：白色熟绢。

簇：丛聚的样子。

归帆去棹残阳里，背西风酒旗斜矗。

彩舟云淡，星河鹭起，画图难足。

星河鹭起：南京西南长江上有白鹭洲。星河，银河，这里指长江。

念往昔繁华竞逐。

叹门外楼头，悲恨相续。

门外楼头：隋兵攻陈，韩擒虎大军已到朱雀门外，陈后主还在结绮阁上与宠妃张丽华饮酒作乐。杜牧《台城曲》：“门外韩擒虎，楼头张丽华。”

千古凭高，对此漫嗟荣辱。

六朝旧事随流水，但寒烟衰草凝绿。

六朝：指三国吴、东晋、宋、齐、梁、陈六个建都金陵的王朝。

至今商女，时时犹唱，后庭遗曲。

后庭遗曲：指陈后主所作《玉树后庭花》，时人认为是亡国之音。

〔大意〕登上高处，纵目眺望，秋高气爽，正是金陵的晚秋季节。千里长江犹如一匹洁白的丝绸，江边群峰苍翠。夕阳下，船儿归去，酒旗在风中飘舞。天边的淡云送走彩舟，江上的洲渚迎来白鹭，再美的画图也难以将这眼前的美景充分描画出。回想当年，此地一片繁华。最可叹，门外韩擒虎，楼头张丽华，历史的悲剧一幕接着一幕。千古以来，登高凭栏空叹兴衰荣辱。六朝旧事已经随流水逝去，只剩下寒烟衰草还残存着点点深绿。直到今天，歌女还不时弹唱着《后庭花》这支当时流传的歌曲。

〔点评〕这首词歌咏六朝故都金陵。词的上片写秋日千里江山的雄伟景象，下片抒发兴亡盛衰之感。写景尺幅千里，抒情一收千古，笔力纵横，开阖自如，境界阔大，思绪深远，确实非同凡响。《古今词话》记载："金陵怀古，诸公寄词于《桂枝香》凡三十余首，独介甫最为绝唱。东坡见之，不觉叹息曰：'此老乃野狐精也！'"

念奴娇 赤壁怀古

苏轼

大江东去，浪淘尽、千古风流人物。

故垒西边，人道是、三国周郎赤壁。

人道是：三国时周瑜击败曹操的赤壁在今湖北赤壁市，苏轼所咏赤壁在今湖北黄冈，所以词中用“人道是”三字点明。

周郎：指三国时吴国大将周瑜。

乱石穿空，惊涛拍岸，卷起千堆雪。

江山如画，一时多少豪杰。

遥想公瑾当年，小乔初嫁了，雄姿英发。

小乔：周瑜的妻子，当时著名的美人。

英发：言论、见解卓越不凡。

羽扇纶巾，谈笑间、樯橹灰飞烟灭。

纶（guān）巾：古代配有青丝带的头巾。

樯橹：指曹操率领的水军。樯，桅杆。橹，桨。

故国神游，多情应笑我，早生华发。

华发：花白的头发。

人生如梦，一樽还酹江月。

酹：以酒浇地表示祭奠。

〔**大意**〕 大江滚滚东流，大浪淘沙，淘汰了多少英雄人物。有人说，旧时营垒的西边就是三国时周瑜大破曹军的赤壁。乱石直穿空中，惊涛拍击江岸，卷起的朵朵浪花有如堆堆白雪。如画的江山啊，这里一时间聚集过多少英雄豪杰！遥想当年的周郎，小乔刚刚嫁给他，他仪容俊美，识见不凡。头戴纶巾，手摇羽扇，谈笑之间强敌灰飞烟灭。如果周郎有灵，旧地重游，一定会笑我多愁善感，功业未立而白发早生。人生就像一场梦，再敬一杯酒给这江上的明月。

〔点评〕 这是一首赤壁怀古之作。当时，苏轼因为反对新法，谪居黄州(今湖北黄冈)。面对奇伟的赤壁景色，作者想到青春焕发、风流儒雅的周瑜在此建功立业，而自己白发已生却一事无成。两相对比，透露了作者追慕前贤、以千古英雄自勉的襟怀抱负。词末“人生如梦”一语，所要表达的是作者及时建功立业的焦灼，而不是后人常常指责的消极颓废。全词在对江山的热情赞美和对英雄的倾心颂扬之中，充满了作者指点江山、品评人物的豪迈之情。这是苏轼豪放词的代表之作，也是一首久负盛名的名篇。

落日绣帘卷，亭下水连空。

知君为我，新作窗户湿青红。

湿：动词，这里指油漆未干。

长记平山堂上，欹枕江南烟雨，渺渺没孤鸿。

平山堂：欧阳修所建，在扬州。

认得醉翁语，山色有无中。

醉翁：指欧阳修。

一千顷，都镜净，倒碧峰。

忽然浪起，掀舞一叶白头翁。

一叶：指小船。

白头翁：指船夫。

堪笑兰台公子，未解庄生天籁，刚道有雌雄。

兰台公子：指战国时的宋玉。　**庄生**：指庄子。

天籁：自然的音响。　**刚道**：硬说是。

雌雄：雌风、雄风。宋玉的《风赋》将风区分为“大王之雄风”、“庶人之雌风”。

一点浩然气，千里快哉风。

〔大意〕落日挂在山边，亭中卷起窗帘，亭下水波无际，远接长空。知道你为我游赏，新近油漆了窗户。常记得当年在平山堂上，斜倚衾枕，看江南烟雨中渺渺孤鸿的影子。还记得醉翁的名句：“山色有无中。”千顷江面如明镜般洁净，水中倒映着碧峰。突然间风起水涌，掀舞着小舟上的白头渔翁。可笑那兰台公子宋玉，不懂得庄子所说的天籁，硬说风可以分雌雄。他哪里知道，胸中有浩然正气，人间有万里长风。

〔点评〕元丰年间，苏轼谪居黄州（今湖北黄冈），友人张怀民（字偓佺）在江边建一亭，苏轼命名为快哉亭。这首词是作者游览快哉亭时所作。贬谪的生活往往令人感伤激愤，但苏轼却处之以旷达。词的上片写亭中所见的山川胜景，下片写江面的波澜。词末就波涛风云生发开来，议论风发，痛快淋漓。作者的人生态度，在这里一览无余。

永遇乐

苏轼

彭城夜宿燕子楼梦盼盼，因作此词。

明月如霜，好风如水，清景无限。

曲港跳鱼，圆荷泻露，寂寞无人见。

紞如三鼓，铿然一叶，黯黯梦云惊断。

紞(dǎn)如：拟声词，形容击鼓的声音。

铿然：象声词，形容声音响亮。

梦云：迷离朦胧的梦境。

夜茫茫、重寻无处，觉来小园行遍。

天涯倦客，山中归路，望断故园心眼。

燕子楼空，佳人何在？空锁楼中燕。

燕子楼：唐代张建封所建。其子张愔的爱妾关盼盼曾住此。

古今如梦，何曾梦觉，但有旧欢新怨。

异时对、黄楼夜景，为余浩叹。

黄楼：苏轼担任徐州太守期间，曾率领徐州军民堵住黄河缺口，事后建立黄楼作纪念。

〔**大意**〕明月像秋霜般皎洁，和风像秋水般轻柔，秋日的夜景清凉无比。弯弯曲曲的港湾里，鱼儿不时跳起；圆圆的荷叶上，不时滚落几滴晶莹的露珠。周围清静寂寞，没有人来看见这些。纨纨击响的三更更鼓，铿然落地的一片枯叶，将朦朦胧胧的梦境惊断。茫茫夜色中，走遍小小庭园，再也寻不见梦的踪迹。浪迹天涯的倦客，望断归路。燕子楼早已空荡荡的，佳人也早已不在，只有燕子似从前。古往今来就像一场大梦，有谁能从梦中醒来？留下的只有无数的旧欢新怨。他年他月，说不定也将有人夜临黄楼，会为我兴怀长叹。

〔点评〕燕子楼，在徐州。唐代张建封家旧宅有此楼，张建封之子张愔的爱妾关盼盼曾住此。张愔死后，关盼盼独居于此十余年，不愿改嫁。词的上片写燕子楼景象，“纨如”以下引入梦境；下片就梦醒之后的惆怅生发，直抒家山之念、今昔之感。这首词作于元丰年间，当时新党执政，作者仕途失意，故有些感慨。前人特别欣赏这首词“燕子楼空”三句，晁无咎以为：“三句说尽张建封燕子楼一段事，奇哉！”

西河 金陵

周邦彦

佳丽地，南朝盛事谁记?

佳丽地：指金陵，即今南京。

山围故国绕清江，髻鬟对起。

髻鬟：形容两岸青山的形状像女子的髻鬟。

怒涛寂寞打孤城，风樯遥度天际。

断崖树，犹倒倚，莫愁艇子曾系。

莫愁：南朝著名美女。

空余旧迹郁苍苍，雾沉半垒。

垒：城垒，这里指石头城的墙垒。

夜深月过女墙来，伤心东望淮水。

女墙：城上的矮墙。

淮水：这里指秦淮河。

酒旗戏鼓甚处市?想依稀、王谢邻里。

甚处：何处。

依稀：仿佛。

王谢：东晋时王姓和谢姓两个豪门大族，世居乌衣巷。

燕子不知何世，入寻常巷陌人家，

相对如说兴亡，斜阳里。

〔大意〕 金陵是江南佳丽地、六朝故都，它的盛况有谁能记？青山环卫，清江萦绕，两岸峰峦相对。翻滚的波涛拍打着孤城，几片风帆横过天际。断崖边的古树依然倒倚，美女莫愁曾在这里把艇子绾系。只有江山依旧还是那样郁郁苍苍，石头城还是那样烟波迷离。半夜里月亮爬上城头，伤心地凝望着秦淮河水。酒旗招展，戏鼓震耳，可还是当年的地方？好像是王、谢豪门所在之地。只有燕子，不知今夕何年，飞入了平民百姓家里，它们在夕阳下呢喃不休，好像在诉说着世代兴亡。

〔点评〕 这是一首缅怀陈迹、伤悼今古的即景怀古之作。全词大量使用典故，以突出六朝故都的昔盛今衰。清代罗世焜《云韶集》称这首词："纯用唐人成句融化入律，气韵沉雄，苍凉悲壮，直是压遍古今。"

洞庭青草，近中秋，更无一点风色。

洞庭青草：洞庭湖北称洞庭，南称青草，二湖相连，总名洞庭湖。

玉鉴琼田三万顷，著我扁舟一叶。

玉鉴：玉镜，形容湖水平静澄澈。

琼田：形容湖水清澈澄碧。

扁舟：小船。

素月分辉，明河共影，表里俱澄澈。

明河：银河。

表里：上下，内外。指星空与湖面倒影，也指作者身心。

悠然心会，妙处难与君说。

应念岭表经年，孤光自照，肝胆皆冰雪。

岭表：这里指作者刚刚卸职离去的两广地区。

肝胆皆冰雪：指作者心地光明磊落，冰清玉洁。

短发萧骚襟袖冷，稳泛沧溟空阔。

萧骚：稀疏。

沧溟：深而广的水域。

尽吸西江，细斟北斗，万象为宾客。

西江：西来的长江。

万象：天地万物。

扣舷独啸，不知今夕何夕。

〔大意〕北洞庭，南青草，临近中秋，洞庭湖风平浪静。玉镜般的湖面一碧万顷，漂浮着我的一叶小舟。皎洁的明月和银白的湖水争辉，银河倒映在湖中，里里外外，光亮澄澈。面对此情此景，心有所悟，微妙之处，难以用语言向你诉说。忘不了在岭南的这一年，孤独的月光下自我观照，我的心如冰雪般纯洁。头发稀疏，衣裳单薄，稳稳地泛舟渡过这无边的洞庭湖。饮尽西江的美酒，高举北斗作为杯盏，天地万物都是我盛宴的宾客。敲着船舷独自长啸，不知今夜是何年何月。

〔点评〕乾道元年（1165），张孝祥任广南西路经略安抚使，次年“被谗言落职”。作者经桂林北归，途经洞庭湖，写下了这首流传千古的名篇。这首词在思想倾向和艺术境界两方面都深受苏轼《赤壁赋》和《水调歌头》（明月几时有）的影响。“玉鉴琼田三万顷，著我扁舟一叶”的景色，显然是从“纵一苇之所如，凌万顷之茫然”化出；“扣舷独啸，不知今夕何夕”，则从“扣舷而歌之”“不知天上宫阙，今夕是何年”化出。不过，此作虽然步趋苏轼，却没有“我欲乘风归去”的彷徨，只有“扣舷独啸”“更无一点风色”的平静和“孤光自照，肝胆皆冰雪”的自信。同样处于逆境之中，张孝祥是“稳泛沧溟空阔”，苏轼则总忘不了“遗世独立，羽化而登仙”。二者相比，苏轼较多的是历尽沧桑之后的超脱与感慨，张孝祥则更多了几分执著与顽强。魏了翁跋此词说：“张于湖有英姿奇气，著之湖湘间，未为不遇。洞庭所赋，在集中最为杰特。方其吸江酌斗、宾客万象时，讵知世间有紫微、青琐哉!”

楚天千里清秋，水随天去秋无际。

遥岑远目，献愁供恨，玉簪螺髻。

岑：小而高的山。

玉簪螺髻：指青葱翠绿的群山。

落日楼头，断鸿声里，江南游子。

把吴钩看了，栏干拍遍，无人会，登临意。

吴钩：古兵器，似剑而曲，如钩。

栏干：栏杆。

休说鲈鱼堪脍，尽西风、季鹰归未？

季鹰：西晋张翰的字。张翰在洛阳做官，见秋风起而思念江南的莼羹、鲈鱼，挂冠归隐。

求田问舍，怕应羞见，刘郎才气。

刘郎：指三国时的刘备。刘备曾责备许汜只知道求田问舍，而忘记了国家大事。

可惜流年，忧愁风雨，树犹如此！

树犹如此：西晋桓温看见他早年所种的小树已经长大，感慨岁月流逝说："树犹如此，人何以堪！"

倩何人唤取，红巾翠袖，揾英雄泪？

倩：请。

揾(wèn)：擦拭。

〔大意〕千里南国正是清秋时节，水天相接，无边无际。纵目远眺，那玉簪、螺髻般苍翠的峰峦，带给你无限深沉的忧愁和愤恨。浪迹江南的北国游子，在这夕阳斜照的楼头，聆听着北来大雁断断续续的哀啼，将手中的宝剑看了又看，将身边的栏杆拍了又拍，可又有谁懂得我此刻的心意？不要说西风已起，鲈鱼已肥，请看张翰可曾归去？只知道为自己置田买屋，只怕愧对胸怀大志的刘备。痛惜光阴的流逝，忧愁时世的风雨，无情的草木尚且如此，人又怎样呢？请谁去唤来如花的少女，为英雄拭去那悲愤的泪水？

〔点评〕建康赏心亭，在今江苏南京下水门。作者是济南人，渡江来到江南，时时刻刻不忘收复中原的大业。但南宋小朝廷以投降为国策，苟且偷安，不思进取，使得无数铁血男儿饮恨吞声。作者身在江南，心怀故国，所以登临北望的作品在辛词中数不胜数。这首词即景抒情，勾起英雄满腔热血的，就是那一只北来的大雁。可惜时不我与，报国无门。“可惜流年，忧愁风雨”，说尽了英雄的满腹悲愤；“倩何人唤取，红巾翠袖，揾英雄泪”，道出了时无知己英雄失意的痛苦。谭献评论这首词：“裂竹之声，何尝不潜气内转。”

郁孤台下清江水，中间多少行人泪。

郁孤台：地名，在江西赣县西南。

西北望长安，可怜无数山。

青山遮不住，毕竟东流去。

江晚正愁余，山深闻鹧鸪。

〔大意〕郁孤台下赣江的流水，洒满了多少人的眼泪。遥望中原，重重青山让人心碎。青山挡不住江水滔滔，大江依然向东奔流。江上的暮色已经让我满怀惆怅，更何况深山里的鹧鸪啼叫得如此伤悲。

〔点评〕造口，在江西万安西南。这是一首即景抒情的作品。作者来到南渡初年隆祐太后脱险的旧地，由南宋中兴大业的艰危，联想到此时此刻中原沦陷、恢复无望的衰微时局，油然而生悲凉之感。卓人月认为这首词“忠愤之气，拂拂指端”，梁启超评之为“大声镗鞳”，领会是比较准确的。

何处望神州？满眼风光北固楼。

神州：这里指中原。

千古兴亡多少事，悠悠。不尽长江滚滚流。

年少万兜鍪，坐断东南战未休。

兜鍪(móu)：头盔。这里代指将士。

天下英雄谁敌手？曹刘。生子当如孙仲谋。

“生子”句：曹操曾赞叹说：“生子当如孙仲谋。”孙仲谋，指三国时吴主孙权(字仲谋)。

〔大意〕什么地方可以北望神州？在那高高的北固楼上，风光尽收眼底。古往今来这里发生过多少关系国家兴亡的大事，只有不尽的长江水依然滚滚东流。孙仲谋青春年少时统领千军万马，雄踞东南征战不休。天下英雄有谁是他的对手？只有曹操和刘备。生一个有用的儿子就该像孙仲谋。

〔点评〕京口是吴国建都之地，作者登临纵目，很自然地就会联想到当年三分天下的孙权。词的上片写景，重在“何处望神州”，寄情于沦陷已久的中原大地；下片怀古抒情，寄情于英雄孙仲谋，赞叹他能继承父兄之业，巩固东南国土。末句“生子当如孙仲谋”，表面上是赞叹，骨子里却是对一蟹不如一蟹的赵氏子孙的深深的失望，对南宋统治者软弱无能、苟且偷生的批评与不满。

千古江山，英雄无觅，孙仲谋处。

孙仲谋：三国时吴主孙权(字仲谋)，他曾建都京口。

舞榭歌台，风流总被、雨打风吹去。

斜阳草树，寻常巷陌，人道寄奴曾住。

寄奴：南朝宋武帝刘裕小字寄奴，京口人。

想当年，金戈铁马，气吞万里如虎。

金戈铁马：指刘裕曾西征桓玄，北伐中原。

元嘉草草，封狼居胥，赢得仓皇北顾。

元嘉：南朝宋文帝刘义隆年号。

四十三年，望中犹记，烽火扬州路。

四十三年：作者从率义军归宋到写此词时的年数。

可堪回首，佛狸祠下，一片神鸦社鼓。

佛狸：北魏太武帝拓跋焘小字佛狸，他打败宋文帝后，在长江北岸瓜步山上建行宫，即后来的佛狸祠。

神鸦：啄食祭品的乌鸦。

凭谁问，廉颇老矣，尚能饭否？

廉颇：战国时赵国名将，晚年被谗奔魏，赵王曾派人考察他的身体状况，使者回报说：“廉将军虽老，尚善饭。然与臣坐顷之，三遗矢(屎)矣。”赵王以为年老，遂不召。

〔大意〕 江山还是千年前的江山，千年前的英雄孙权却已经无处寻觅。当年的舞榭歌台、风流文采，都已被历史的风雨一卷而去。夕阳斜照着草和树，普通百姓居住的小巷据说是刘裕曾住过的地方。想当年他出兵征战，金戈铁马，气吞万里，气势如虎。元嘉年间，草率出兵北伐，落得大败而归。四十三年过去了，登高北望，还记得当年战火弥漫的扬州路。哪里忍心回想，侵略者的祠庙前，神鸦处处，还回响着祭祀的钟鼓。有谁来询问，年老的廉颇饭量是否仍然如故?

〔点评〕 开禧年间，韩侂胄意欲北伐，辛弃疾被起用为镇江知府，作为一生主张北伐的抗战派将领，辛弃疾此刻却无法兴奋，他清醒地意识到在准备充分之前不能轻举妄动。这首词作于南北对峙的兵家必争之地京口，作者深思历史上南北战争的经验教训，孙权、刘裕能兴业江东，宋文帝却大败而归，“元嘉草草”，对韩侂胄提出了明确的警告。韩侂胄轻率北伐的失败，证实了辛弃疾敏锐的预见。用咏怀古迹的形式深思历史的经验教训，是这首怀古词所具有的特殊价值。这首词思想深刻，风格沉郁，用典贴切，是辛弃疾的最具特色的代表作之一。

危楼还望，叹此意，今古几人曾会？

危楼：高楼。
还望：四望。

鬼设神施，浑认作，天限南疆北界。

限：限隔。

一水横陈，连岗三面，做出争雄势。

连岗三面：指镇江东南西三面有山岗环绕。

六朝何事，只成门户私计。

因笑王谢诸人，登高怀远，也学英雄涕。

王谢：指东晋王导、谢安等人。
“也学”句：指东晋初，南渡诸人宴饮新亭，相顾而泣。

凭却长江，管不到，河洛腥膻无际。

河洛：黄河、洛河。这里泛指中原。
腥膻(shān)：牛羊的腥臊气味。这里指金人占领地区。

正好长驱，不须反顾，寻取中流誓。

中流誓：东晋祖逖渡江北伐，中流击楫而誓：“祖逖不能清中原而复济者，有如大江。”

小儿破贼，势成宁问强对。

宁问：何用问。
强对：强大的敌人。

〔**大意**〕 登上高楼四顾，可叹此时心中情怀，从古到今有多少人能够领会呢？鬼设神施的天险，竟然被认作是南北的天然分界。一面临水，三面环山，造成了北向争雄的有利形势。六朝到底做了些什么，把这山川形胜当成了保护门户权益偏安苟且的屏障。可笑王导、谢安等人，登高怀远，也仿效英雄落泪。倚凭浩瀚的长江，却不管中原贼虏遍地。凭借有利的形势，正好长驱直入，不要回头观望，应该像祖逖一样击楫中流，慷慨盟誓。击败敌人的时刻已经到来，形势如此，何必理会敌人有多强大！

〔点评〕 多景楼在京口(今江苏镇江)北固山上的甘露寺内，北临长江。宋孝宗淳熙间，陈亮多次上书朝廷，陈述北伐的策略。这首词纵横议论，激昂慷慨，和他的上书如出一辙。词的上片写京口易守难攻，宜于选作北伐基地的形势。“门户私计”以下，引入下片对苟且偷安、不思进取的东晋小朝廷的辛辣讽刺，批判的矛头直指南宋当权的投降派。词末表达了誓死恢复中原的强烈愿望，情调高亢激越，气势纵横奔放。

安元楼小集，侑觞歌板之姬黄其姓者，乞词于龙洲道人，为赋此《唐多令》。同柳阜之、刘去非、石民瞻、周嘉仲、陈孟参、孟容，时八月五日也。

芦叶满汀洲，寒沙带浅流。

汀洲：水中的小块陆地。

二十年重过南楼。

南楼：即安远楼，在武昌黄鹤山（即今蛇山）。

柳下系舟犹未稳，能几日、又中秋。

黄鹤断矶头，故人今在否？

断矶：陡然中断的石崖。矶，水边突出的石崖。

旧江山、浑是新愁。

欲买桂花同载酒，终不是，少年游。

〔大意〕芦苇的落叶铺满了水中沙洲，寒冷的沙滩边流过清浅的水流。二十年之后再次来到南楼。柳树下匆匆系住小船，再过几天，又该是中秋佳节。黄鹤山下，断崖矶头，老朋友还在不在？江山依然如旧，心中平添新愁。想买一枝桂花载酒遨游，终究不再是当初少年时的畅游。

〔点评〕这是一首记游之作。“二十年重过南楼”，是词的眼目。全词充满了今昔之感，“又中秋”“终不是”都暗点二十年前那场旧游。《草堂诗余隽》评这首词：“因黄鹤楼再游而追忆故人不在，遂举目有江山之感，词意何等凄怆！又云‘系舟未稳’‘旧江山、浑是新愁’，读之泪下。”

扬州慢

姜夔

淳熙丙申至日，予过维扬，夜雪初霁，荠麦弥望。入其城则四顾萧条，寒水自碧。暮色渐起，戍角悲吟。予怀怆然，感慨今昔，因自度此曲，千岩老人以为有黍离之悲也。

淮左名都，竹西佳处，解鞍少驻初程。

淮左：淮水之南。
竹西：即竹西亭，扬州名胜。

过春风十里，尽荠麦青青。

春风十里：用杜牧《赠别》中诗句“春风十里扬州路”，指扬州繁华的闹市。

自胡马窥江去后，废池乔木，犹厌言兵。

胡马窥江：指绍兴末年金主完颜亮率兵南侵。

渐黄昏，清角吹寒，都在空城。

杜郎俊赏，算而今、重到须惊。

杜郎：指唐代诗人杜牧。

纵豆蔻词工，青楼梦好，难赋深情。

豆蔻词：杜牧曾作《赠别》诗：“娉娉袅袅十三余，豆蔻梢头二月初。”
青楼：杜牧作有《遣怀》诗：“十年一觉扬州梦，赢得青楼薄幸名。”

二十四桥仍在，波心荡、冷月无声。

二十四桥：扬州名胜。杜牧《寄扬州韩绰判官》诗：“二十四桥明月夜，玉人何处教吹箫?”

念桥边红药，年年知为谁生!

红药：红色的芍药。

〔**大意**〕来到淮水之南著名的都会扬州，解鞍下马，旅途中稍作停留。昔日春风十里的繁华闹市，如今只留下一片青青荠麦。南侵的金兵已经离去，坍塌的城池、孤零零的树木还在诉说着战乱的不幸。暮色中，凄清的号角声回荡在寂寞的空城。假如杜牧复生，旧地重游，他也难免心惊。即使有杜郎那样的生花妙笔，也难以抒写此时此地的悲愤之情。二十四桥虽然还在，桥下一潭寒水空映着孤月一轮。只有那桥边的芍药依然花开烂漫，年年岁岁，自灭自生。

〔点评〕作者在扬州兵乱十五年后来到这里，看到的依然是战火留下的累累创伤。对照扬州昔日的繁华与此刻的残破荒凉，今昔盛衰之感油然而生。萧德藻评价这首词“有黍离之悲”，应该不是虚誉。陈廷焯《白雨斋词话》评价说：“写兵燹后情景逼真。‘犹厌言兵’四字，包括无限伤乱语，他人累千百言亦无此韵味。”

念奴娇

吴渊

我来牛渚，聊登眺，客里襟怀如豁。

牛渚：牛渚山，在安徽当涂西北。其山脚突入长江，为采石矶，其处江面最窄，为历代兵家必争之地。

豁：开阔，开朗。

谁著危亭当此处？占断古今愁绝。

江势鲸奔，山形虎踞，天险非人设。

向来舟舰，曾扫百万胡羯。

胡羯：指金兵。绍兴三十一年(1161)，虞允文在采石矶击败金兵。

追念照水燃犀，男儿当似此，英雄豪杰。

燃犀：相传晋代温峤曾在采石矶燃犀角照见水下异类。

岁月匆匆留不住，鬓已星星堪镊。

镊：拔出。

云暗江天，烟昏淮地，是断魂时节。

阑干捶碎，酒狂忠愤俱发。

〔大意〕 来到牛渚，登高远眺，胸怀开阔。谁在这里建造了高高的亭子，占断了古往今来的悲欢情愁。大江的水势如同巨鲸狂奔，群山的形状如同猛虎蹲踞，天然险阻绝不是人力可设。当年的水军船舰，曾在这里扫荡过百万金兵。追想当年，温峤在这里点燃犀角，照见了妖魔鬼怪，男子汉就应该做这样的英雄豪杰。岁月匆匆留不住，鬓发早已斑白。乌云遮住了江北的青天，浓烟笼罩了淮上的土地，正是让人伤心断肠的时节。借酒发狂，拍碎栏杆，一腔忠愤无处诉说。

〔点评〕 牛渚山是历代兵家必争之地，采石矶上曾留下无数豪杰的英雄业绩。作者身处南北分治的南宋，对这一形胜之地当然更为关注。这首词上片缅怀历代英杰，尤敬重破敌于采石矶的虞允文；下片自述己志，感伤于功业未就，鬓发已白。全词由“襟怀如豁”的开朗舒畅转入“云暗江天，烟昏淮地”的“断魂时节”，绝不仅仅是时间的转换。“斜阳正在，烟柳断肠处”，才是作者的真实意图所在。词末“阑干捶碎”，从辛弃疾《水龙吟》中的“栏干拍遍”化出，二者忠愤如一，但“拍遍”还只是摇头叹息，“捶碎”则已是发指眦裂、心碎如狂了。

稻花香里说丰年

——田园隐逸篇

描写田园隐逸生活，表达归隐田园的山水林泉之思，这一题材在词中早有表现。中唐张志和作有《渔歌子》五首，就直接描绘自己的隐逸生活。其后颜真卿等人的和作，则表达了身在官场而心恋江湖的归隐愿望。宋词中的此类作品，大致不离以上两种类型。描述自己隐居生活的如黄昇的《酹江月》(玉林何有)等，高标清逸，自有不食人间烟火的韵味；表达自己身在官场而心恋江湖的作品，如苏轼的《临江仙》(夜饮东坡醒复醉)、朱敦儒的《念奴娇》(见梅惊笑)等，风度潇洒。

对中国古代知识分子而言，出仕与退隐是永恒的矛盾。强烈的社会关怀促使文人们寻求“立登要路津”“致君尧舜上”的出仕机会，但官场的黑暗丑恶与尔虞我诈又使文人们怀念远离尘世的山水林泉的欢乐与自由。所以，归隐这个题材在中国古典文学中也是一个永恒的主题。词人笔下的山川田园是多么纯洁宁静，处于对立面的官场红尘就是多么腌臜龌龊。明白了这一点，我们对中国古代知识分子的心灵就有了更深的了解，对中国古典文学中描写田园隐逸的作品就会有更深刻的理解。

临江仙

夜归临皋

苏轼

夜饮东坡醒复醉，归来仿佛三更。

东坡：苏轼贬谪黄州时，在黄州城东亲自耕作，并将其地命名为“东坡”，自号东坡居士。

家童鼻息已雷鸣。

敲门都不应，倚杖听江声。

长恨此身非我有，何时忘却营营？

营营：纷扰的样子。

夜阑风静縠纹平。

縠(hú)纹：细细的水波。縠，绉纱。

小舟从此逝，江海寄余生。

〔大意〕 夜来在东坡痛饮，醉了又醒，醒了又醉，回到临皋大约已是三更时分。家童早已鼾声如雷，怎么敲门都没人答应，只好倚杖独立，静听江涛声。常常遗憾人生不能自主，什么时候能忘却缠身的俗事？夜色已深，风平浪静。真希望乘一叶小舟飘然而逝，在无边的江海上寄托我有限的余生。

〔点评〕 元丰年间，苏轼因讽刺新法得罪，被贬谪黄州（今湖北黄冈）。这首词表现了作者身处逆境而超脱旷达的人生态度。词的上片写其夜饮东坡复归临皋的情景："醒复醉"三字，与其说是在表现豪饮的狂放，还不如说是在表现满腹块垒无法消释的痛苦，即李白所谓"举杯消愁愁更愁"；"倚杖听江声"，则接天波涛与作者内心奔腾激荡的心潮合而为一，不复能分。词的下片写作者听涛声中的思绪，感叹自己为名缰利锁所羁绊，无法掌握自身的命运。末两句表达其归隐江湖的愿望，试图将自己有限的生命融化在无限的大自然中，求得精神自由。

为向东坡传语，人在玉堂深处。

东坡：苏轼贬官黄州时在城东亲自耕作，将其地命名为“东坡”，并自号东坡居士。

玉堂：指翰林院。

别后有谁来？雪压小桥无路。

归去，归去，江上一犁春雨。

〔大意〕我在翰林院里，请代我传话给东坡：一别之后有谁来过？积雪想必覆盖了桥面和小路。不如归去，不如归去，江上又洒下了适合春耕的小雨。

〔点评〕元丰年间，作者因为反对新法贬官黄州（今湖北黄冈），躬耕于东坡。元祐年间旧党执政，作者重回朝廷，担任了翰林学士。不过，重新被启用的喜悦很快就荡然无存，旧党内部的党派倾轧同样让清高刚直的苏轼失望。这首词就是苏轼在担任翰林学士期间怀念黄州东坡的一首作品。虽然当年在黄州过的是贬谪的生活，但“雪压小桥无路”的宁静、“江上一犁春雨”的清新自在，反而让身在朝廷的作者产生了“归去”的向往。

簌簌衣巾落枣花，村南村北响缫车。

簌簌：象声词，形容花落的声音。

缫(sāo)车：抽出蚕丝的工具。缫，同“缫”。

牛衣古柳卖黄瓜。

牛衣：用粗麻或草为牛编织的衣服。这里指蓑衣。

酒困路长惟欲睡，日高人渴漫思茶。

漫：颇，非常。

敲门试问野人家。

野人家：指农家。

〔大意〕枣花纷纷落在衣服和头巾上，村子里到处回响着缫车的声音。披着蓑衣的老农在古柳下叫卖黄瓜。醉意蒙胧，道路漫漫，人昏昏欲睡；太阳高照，口中干渴，敲门向农家借饮一杯清茶。

〔点评〕这首词作于作者去徐州石潭谢雨的路上。天降大雨，旱情缓解，身为地方官，作者的心情无比愉快而闲适。这首词充分表现出作者对自然、美好的农村生活的热爱，体现了作者的心和感情是与百姓相通的。

谪宦江城无屋买，残僧野寺相依。

江城：指信州，治今江西上饶。
“残僧”句：语出杜甫《山寺》：“野寺残僧少。”

松间药臼竹间衣。

水穷行到处，云起坐看时。

“水穷”两句：化用王维《终南别业》中诗句：“行到水穷处，坐看云起时。”

一个幽禽缘底事，苦来醉耳边啼？

月斜西院愈声悲。

青山无限好，犹道不如归。

“青山”两句：袭用范仲淹《越上闻子规》中诗句：“青山无限好，犹道不如归。”按旧说，子规啼声似云“不如归去”。

〔大意〕贬官来到这江边的小城，没有房子可买，只好来到野寺和山僧相伴相依。松木作药臼，竹叶作蓑衣。走到山穷水尽的地方，看风起云飞。一只小鸟老是和我过不去，苦苦地缠住我的醉耳不住地哀鸣。月影西移，啼声更加悲凄。青山如此美好，它还是说：“不如归去，不如归去。”

〔点评〕这首词作于作者贬官信州(治今江西上饶)期间，仕途的挫折更容易勾起隐逸的念头。词的上片写谪居生活的凄凉，下片写自己归隐江湖的愿望。词中多化用前人诗句，而文气顺畅，了无痕迹，体现了作者高超的文字技巧。

烟雨幂横塘，绀色涵清浅。

幂： 覆盖。

绀(gàn)色： 天青色。

谁把并州快剪刀，剪取吴江半。

“谁把”句： 化用杜甫《戏题王宰画山水图歌》中诗句：“焉得并州快剪刀，剪取吴淞半江水。”

隐几岸乌巾，细葛含风软。

几(jī)： 几案。

岸： 推起头巾，露出前额。

不见柴桑避俗翁，心共孤云远。

柴桑避俗翁： 指东晋的陶渊明。

〔大意〕 烟雨覆盖着水面，天青水绿，迷蒙一片。是谁用并州快剪，剪来了江南半江春水？斜倚几案，推开头巾露出额头，葛布衣服随风飘起。看不到当年避世的陶潜，心随着孤云飘到很远的地方。

〔点评〕 这是一首描写隐逸生活的作品。词的上片写景，景清人静；下片正面描写隐士形象：乌巾、葛衣，一派仙风道骨。末句心逐云飞，更是神思高远。《词统》评价这首词：“标致隽永，全无香泽，可称逸调。”

见梅惊笑，问经年何处，收香藏白？

经年：连年。

似语如愁，却问我，何苦红尘久客？

客：客居。

观里栽桃，仙家种杏，到处成疏隔。

观里栽桃：用刘禹锡《戏赠看花诸君子》“玄都观里桃千树，尽是刘郎去后栽”句意。

仙家种杏：葛洪《神仙传》记载董奉为人治病，凡病愈者种杏五株，其后郁然成林，多达十万余株。

千林无伴，澹然独傲霜雪。

且与管领春回，孤标争肯接，雄蜂雌蝶。

争：怎。

岂是无情，知受了，多少凄凉风月。

寄驿人遥，和羹心在，忍使芳尘歇？

寄驿人遥：陆凯赠范晔诗：“折梅逢驿使，寄与陇头人。”

和羹：古人以盐、梅为调味品，并用以比喻宰相协理朝政。

东风寂寞，可怜谁为攀折。

〔大意〕 看见梅花，又惊又喜，问一年以来，你藏在哪里?梅花含愁问我：何苦在红尘久久作客?观中栽桃，仙家种杏，到处都与人间隔。林中没有人可以作伴，只有独傲霜雪。姑且领着春天回到这里，孤傲高标，怎肯与蜂蝶为伍。不是我无情，谁知我忍受了多少凄凉的岁月。折梅寄给朋友，可惜人已远去；盐、梅可以调羹，可惜徒有心在，怎忍心让梅花凋零?独自寂寞在东风中，可怜无人为我攀折。

〔点评〕 这首词以人梅问答形式，表达作者身在魏阙心恋江湖之情。词的上片以梅问责其“红尘久客”，表现了作者内心的矛盾；下片写梅的孤高标格，表现作者对江湖生活的向往。咏梅以明志，二者水乳交融，梅格即是人格。

清平乐
村居

辛弃疾

茅檐低小，溪上青青草。

茅檐：茅草屋的屋檐。

醉里吴音相媚好，白发谁家翁媪。

吴音：江南吴地方言。

翁媪（ǎo）：老公公和老婆婆。

大儿锄豆溪东，中儿正织鸡笼。

最喜小儿无赖，溪头卧剥莲蓬。

无赖：这里指小孩调皮、淘气。

〔大意〕茅草屋又低又小，溪边长满青青草。白发苍苍的一对老人吃醉了酒，吴音软语感情好。大儿子正在溪东锄豆田，二儿子正在编织鸡笼。最可爱的是小儿子调皮捣蛋，躺在溪头剥莲蓬。

〔点评〕这首词写和平宁静的山居生活。低小的茅屋下，一对白发老人吴音软语，三个儿子锄豆田、织鸡笼、剥莲蓬，活画出一幅清新自然、温馨朴实的场景，充满了生活气息和欢乐恬淡之情。

明月别枝惊鹊，清风半夜鸣蝉。

别枝：横斜的树枝。

稻花香里说丰年，听取蛙声一片。

听取：听着，听到。

七八个星天外，两三点雨山前。

旧时茅店社林边，路转溪桥忽见。

社林：土地庙边的树林。

〔大意〕 明亮的月光惊飞了栖在树枝上的鹊儿，清风送来半夜里的蝉鸣声。稻花飘香，稻田里蛙声一片，好像在歌唱着丰收的好年成。七八颗星星闪烁在远远的天边，两三颗雨点洒落在近近的山前。走过溪桥，转过弯曲的小路，在土地庙的树林旁边，又看见了熟悉的茅屋。

〔点评〕 这首词是作者闲居江西上饶时所作。词写农村夏夜的优美景色，表现了夜间野外勃勃的生机。全词笔调轻快灵动，充满浓郁的乡土气息，数字的运用也非常巧妙。

鹧鸪天
代人赋

辛弃疾

陌上柔桑破嫩芽，东邻蚕种已生些。

陌：田野上的小路。
些：一些，少许。

平岗细草鸣黄犊，斜日寒林点暮鸦。

黄犊：小黄牛。

山远近，路横斜，青旗沽酒有人家。

路横斜：道路弯弯曲曲，相互交错。
青旗：即酒招，也称青帘，古代酒店用青布做的卖酒标志。

城中桃李愁风雨，春在溪头荠菜花。

荠菜：一种野菜。

〔大意〕 田野上桑树枝头冒出了嫩芽，东边邻居家的蚕种已经孵出一些小蚕来了。平坦的小山坡上，小黄牛吃着鲜嫩的小草，不时抬头鸣叫；夕阳照着略带寒意的树林，点点乌鸦正忙着投林归巢。越过远远近近的山坡，在那弯弯曲曲的小路旁有挑着青帘卖酒的人家。正当城中桃李花在寒风冷雨中凋零之时，田野溪边的荠菜花却盛开着白色的小花，使人感到春意盎然。

〔点评〕 这首词写初春时农村风光，歌颂江南农村的春天美景。词的上片写初春时农村一片生机勃勃、欣欣向荣的美好景象：桑树抽出嫩芽，邻家孵出蚕种，黄犊吃草鸣叫，夕阳下乌鸦归巢；下片写山乡有远远的山峰、清澈的溪流可供游览，有青旗招展的酒家可买酒喝，可谓景美人情也美。最后两句将溪边野生的荠菜花与城中的桃李花对比，反映了作者对农村生活的热爱，同时也表现了他脱俗不凡的美学情趣，是广为传诵的名句。

酹江月

戏题玉林

黄昇

玉林何有？有一湾莲沼，数间茅宇。

玉林：作者所居地名。

断堑疏柳聊补葺，那得粉墙朱户？

补葺(qì)：指修理。

禾黍秋风，鸡豚晓日，活脱田家趣。

客来茶罢，自挑野菜同煮。

多少甲第连云，十眉环坐，人醉黄金坞。

甲第：豪门贵族的宅第。

十眉：这里指众多的美人。唐玄宗曾令画工作《十眉图》。

回首邯郸春梦破，零落珠歌翠舞。

邯郸春梦：唐沈既济《枕中记》载，卢生在邯郸道上梦历数十年富贵荣华。

得似衰翁，萧然陋巷，长作溪山主？

紫芝可采，更寻岩谷深处。

紫芝：《乐府诗集》载汉商山四皓《采芝操》："晔晔紫芝，可以疗饥。"

〔大意〕 玉林有些什么?有一湾长满莲花的池塘，有几间茅屋，有断断续续的沟堑，有疏疏落落的垂柳，就是没有粉墙朱户。乘着秋风收割庄稼，趁着清晨放出鸡和猪，充满了田家的乐趣。客人到家，递上一杯清茶，各自挑几把野菜一同烹煮。 有多少豪门甲第，美人环坐，沉醉在黄金坞。蓦然回首，邯郸梦破，歌舞零落。怎比得上老汉我在这山乡陋巷，永当这溪山之主?更去寻访岩谷深处，那里还有紫色灵芝可以采摘。

〔点评〕 这首词写隐逸生活的乐趣。词的上片写玉林蓬门荜户的清贫以及田家生活乐趣；下片对照富贵荣华的不可久恃，以见“长作溪山主”的可贵。杨慎《词品》推崇这首词“不惟有隐士出尘之想，兼如仙客御风之游”。在历代隐逸词中，这首词以其清新素朴独树一帜。

似花还似非花

——咏物寄兴篇

利用词体描摹物态，早在唐五代词中已经初见端倪。敦煌曲子词《望江南》(天上月)咏月、韩翃《章台柳》咏柳，就是早期的咏物词。不过，唐五代咏物词数量不多，艺术上也大多停留在描摹物体外在形态上，缺乏形神兼备、情景交融的艺术魅力。

北宋时期的咏物词，数量渐多，题材渐广，而且开始注意传神写貌，借物抒情。如苏轼的《水龙吟》（似花还似非花）周邦彦的《兰陵王》（柳阴直），已经是高度成熟的咏物词。

南宋是咏物词的全盛时期，《全宋词》中咏物之作近两千首，多数产生在南宋时期。

南渡之初，由于国破家亡的刺激，这一时期的咏物词大多寓有时代寄托，朱敦儒、李清照、陆游、辛弃疾的咏物之作中，饱含着时代乱离以及壮志难酬的感慨。南宋中期，咏物词尤其注重语言锤炼，姜夔、吴文英、史达祖都是个中高手。南宋末年，咏物词注重幽微深隐、比兴寄托，蒋捷、张炎、周密、王沂孙等人用咏物词来表达黍离之悲、沧桑之感，清丽雅洁，哀怨动人。

咏物词创作的关键，在于不即不离。所谓“不即”，要求咏物而不滞于物；所谓“不离”，要求字面描摹扣住题目。由形似而神似，进而达到物我为一、意内言外、含蕴深厚，才是咏物词创作的不二法门。

似花还似非花，也无人惜从教坠。

从：任随。

抛家傍路，思量却是，无情有思。

萦损柔肠，困酣娇眼，欲开还闭。

萦：牵萦，弯曲缠绕。

柔肠：这里形容柳条纤柔曲折的样子。

娇眼：这里指柳眼，即初生的柳叶。

梦随风万里，寻郎去处，又还被莺呼起。

不恨此花飞尽，恨西园落红难缀。

落红：落花。

缀：连缀，将花重新粘上枝头。

晓来雨过，遗踪何在？一池萍碎。

一池萍碎：古人认为，杨花落到水中，一夜之后，就会化为浮萍。

春色三分，二分尘土，一分流水。

细看来不是杨花，点点是离人泪。

〔大意〕 好像是花，又不像是花，任随你随风飘落，从来也没有人怜惜。离开枝头，流落天涯，细细想来，又何尝不是满腹愁绪?缠绵的情思瘦损了你的腰肢，流浪的疲惫憔悴了你的双眼，蒙眬迷离，欲开还闭。梦中随着好风一去万里，寻找心上人的踪迹，又谁知那枝头的黄莺，无情地将人从好梦中惊起。不恨此花飘零殆尽，只恨西园之中落红满地，再也无法粘上枝头。拂晓飘过一阵小雨，哪里还有你的踪迹?只有那一池浮萍已经破碎。三分春色，二分归了尘土，一分随了流水。细细看来，那满池碎萍不是杨花，点点滴滴都是离人的眼泪。

〔点评〕 这首咏物词是作者和友人章质夫的杨花词之作。它虽没有跳出传统的借咏杨花以寄托伤春情怀的窠臼，但作者以他高超的艺术表现力将杨花、思妇融为一体，全词字字写杨花，同时字字不离情思，细腻深刻，幽怨缠绵。刘熙载《艺概》以为它咏物不即不离，“似花还似非花”，可作全词评语。这首词因此而超出原词的意境，成为千古绝唱。

贺新郎

苏轼

乳燕飞华屋，悄无人、桐阴转午，晚凉新浴。

乳燕：小燕子。

手弄生绡白团扇，扇手一时似玉。

生绡：生丝。

渐困倚、孤眠清熟。

帘外谁来推绣户？枉教人梦断瑶台曲。

瑶台：神话中昆仑山上玉石砌成的台。这里指梦境。

又却是，风敲竹。

石榴半吐红巾蹙，待浮花浪蕊都尽，伴君幽独。

蹙(cù)：皱缩。

秾艳一枝细看取，芳心千重似束。

又恐被、西风惊绿。

惊绿：指红花落尽，只剩绿叶。

若待得君来向此，花前对酒不忍触，

共粉泪，两簌簌。

簌簌：象声词。

〔大意〕 雏燕飞上了华丽的高屋，静悄悄地没有人。槐树的阴影悄悄移向了午后，日暮天凉，美人新浴。手里摆弄着生丝织成的团扇，团扇和玉手洁白得好似美玉。渐渐困倦斜倚床上，独自沉入梦里。蒙胧中似乎有人在轻轻推门，白白打断我的美梦。仔细一听，却是轻风在敲打着翠竹。石榴花刚刚绽开花蕾，火红的花瓣大半还藏在花苞中。等到那些轻浮的花儿出尽风头，它才会开放，陪伴你共度孤独。请你仔细观察它秾艳的风姿：千重芳心，聚为一束。只怕西风一来，红花落尽，只剩一片绿叶。等到你重来此地，把酒对花，不忍再看，残花和眼泪一齐簌簌下落。

〔点评〕 这首词歌咏石榴花，用比兴寄托的手法，玉人与榴花合为一体。词的上片写美人，重在写夏日的清凉幽静；下片写榴花，重在写千重似束的芳心。《苕溪渔隐丛话》认为这首词“冠绝千古，托意高远”。

玉骨那愁瘴雾，冰姿自有仙风。

瘴雾：南方原始森林中湿热的雾气。

海仙时遣探芳丛，倒挂绿毛么凤。

么凤：岭南的一种鸟，又名倒挂子，绿毛红嘴，状如鹦鹉而较小。

素面翻嫌粉涴，洗妆不褪唇红。

素面、唇红：这里形容红梅花白底红晕。

涴(wò)：污染。

高情已逐晓云空，不与梨花同梦。

“高情”两句：唐代王昌龄梦中作《梅花》诗：“落落寞寞路不分，梦中唤作梨花云。”

〔大意〕玉骨不怕南方的瘴雾，冰姿自有超凡的仙风。海上仙人不时派人来探访，使者就是绿毛么凤。皎洁的面庞反而嫌脂粉污染，洗净残妆也洗不去唇上的晕红。高洁的情操已经随着晓云散去，等到梨花如云的时候，她已经化作了一场春梦。

〔点评〕据《苕溪渔隐丛话》记载，这首词是作者悼念侍儿朝云而作。朝云为东坡侍妾，追随东坡二十三年，病故于惠州贬所。词的上片写岭南梅花特有的抵抗瘴雾的风神，下片描摹其自然娇艳的形貌，全词句句咏梅，同时句句绾合朝云。

卜算子

黄州定慧守寓居作

苏轼

缺月挂疏桐，漏断人初静。

漏断：指铜壶的水滴光了，形容夜深。

谁见幽人独往来，缥缈孤鸿影。

惊起却回头，有恨无人省。

省(xǐng)：觉察。

拣尽寒枝不肯栖，寂寞沙洲冷。

〔大意〕弯弯的月儿挂在梧桐树梢，漏声已断，夜深人静。有谁看见它孤独地往来徘徊，那是云外缥缈孤雁的身影。突然的惊吓让它猛然飞起，却又留恋地回过头来，满腹的幽怨没有人能够知晓。选尽了高枝不肯栖宿，宁可忍受这寂寞沙洲的清冷。

〔点评〕这首词吟咏孤雁。全词用比兴寄托的手法，表达作者孤傲、高洁的心境。词作于作者贬居黄州(今湖北黄冈)期间，词的上片写孤雁独往独来的情景，下片写其不与世俗为伍的心境。“拣尽寒枝不肯栖”，高标逸韵，自见品格。黄庭坚曾称道这首词：“语意高妙，似非吃烟火食人语。非胸中有万卷书，笔下无一点尘俗气，孰能至此。”

水枫叶下，乍湖光清浅，凉生商素。

商素：指秋季。

西帝宸游罗翠盖，拥出三千宫女。

西帝：西方的天帝。古人以四方配四季，西方属秋，西帝即主管秋季的天帝。

罗：列。

翠盖：指荷叶。

绛采娇春，铅华掩昼，占断鸳鸯浦。

绛采：绛色的纱带。这里指莲茎。

歌声摇曳，浣纱人在何处？

浣纱人：西施。这里指采莲女。

别岸孤袅一枝，广寒宫殿，冷落凄愁苦。

雪艳冰肌羞淡泊，偷把胭脂匀注。

媚脸笼霞，芳心泣露，不肯为云雨。

金波影里，为谁长恁凝伫？

金波：月光。

〔大意〕 水枫叶下，湖光清浅，秋气生出凉意。西方天帝出游，翠盖罗列，拥出三千宫女。绛色的纱带、淡淡的脂粉，占尽风流艳冶。采莲的歌声摇曳，采莲人藏在哪里？另有一枝孤荷像月中的嫦娥，独自冷落凄苦。雪艳冰肌，羞于淡泊，悄悄将胭脂涂抹。娇媚的脸庞犹如笼着彩霞，花心中还藏着几滴珠泪，高自标置，不肯为云为雨。清冷的月光下，她为谁深情凝伫？

〔点评〕 这首词咏写荷花。词的上片总写荷塘景色，以秋色湖光的清凉、清澈烘托荷花的清丽。下片以特写镜头具体摹写“别岸”荷花的娇媚：雪艳冰肌，偷匀胭脂，媚脸笼霞，芳心泣露，将荷花白里透红、明艳娇嫩的色泽质地描绘得细腻传神，颇有苏轼咏红梅诗“酒晕无端上玉肌”的神韵。词末“为谁”一问，更是风神摇曳，风情万种。

雅燕飞觞，清谈挥麈，使君高会群贤。

燕：同“宴”。
觞：酒杯。
麈（zhǔ）：麈尾，鹿尾做成的拂尘。魏晋时名士清谈时往往手持麈尾作为道具。

密云双凤，初破缕金团。

密云、双凤：都是宋代名茶。
缕金团：黄金缕，宋代名茶。

窗外炉烟自动，开瓶试、一品香泉。

轻涛起，香生玉乳，雪溅紫瓯圆。

玉乳：这里指水面的白色泡沫。

娇鬟，宜美盼，双擎翠袖，稳步红莲。

座中客翻愁，酒醒歌阑。

阑：将尽，即将结束。

点上纱笼画烛，花骢弄、月影当轩。

频相顾，余欢未尽，欲去且留连。

〔大意〕 高雅的宴会传杯换盏，雄辩的清谈摇扇挥麈，太守此刻正在高会群贤。密云龙、双凤团、黄金缕，品品名茶香泉。泉水初开，泡沫浮起，香气四溢，斟入紫瓯杯。 上茶的侍女双手捧杯，美目流盼，步步生莲。座中的客人反而被撩起愁绪，因为酒宴即将散去，歌舞即将结束。月光下，点上灯笼，马儿嘶叫，人儿不断地相互顾盼，临行又徘徊流连。

〔点评〕这首词题为咏茶，实际上吟咏的是酒宴上品茶的感受。按照古人的习惯，酒宴进行到酒醉饭饱之后，就是品茶的时候了。所以，品茶虽然高雅，同时也容易带给人“酒醒歌阑”、盛宴将散的伤感。词的上片写品茶的情趣，下片写不忍离去的留恋之感。“娇鬟”引入美人，“频相顾”“且留连”引入情思，更增添全词的韵味。

踏莎行

贺铸

杨柳回塘，鸳鸯别浦。

回塘： 弯曲的池塘。
别浦： 江河的支流。

绿萍涨断莲舟路。

莲舟： 采莲的船。

断无蜂蝶慕幽香，红衣脱尽芳心苦。

断无： 绝无。
红衣： 花瓣。
芳心： 莲子的心。

返照迎潮，行云带雨。

返照： 指夕阳。

依依似与骚人语。

骚人： 泛指诗人。

当年不肯嫁春风，无端却被秋风误。

无端： 无缘无故。

〔大意〕 池塘边绿柳环绕，水中鸳鸯游弋。水面长满绿萍，遮断了采莲小舟来往的路。没有蜂蝶慕香而来，荷花寂寞地开落，最后只剩下莲子中心的苦味。夕阳迎接晚潮，映照着波光粼粼的水面，流动的云彩夹带着雨点溅落在荷花上。荷花似乎在与诗人私语：当年不肯嫁与东风，在春天争艳，而今秋风一起，芳华却无端消逝。

〔点评〕 这首词明为咏荷，实则用拟人化手法将荷花比作贞洁幽雅的女子，寄托作者怀才不遇的感慨。宋神宗熙宁、元丰年间，王安石变法，新旧党争激烈。词末“当年不肯嫁春风，无端却被秋风误”，似喻作者从前未依附新党，而旧党执政又未被重用。词中将咏物、拟人、寓托融为一体，委婉含蓄。

粉墙低，梅花照眼，依然旧风味。

露痕轻缀。疑净洗铅华，无限佳丽。

铅华：脂粉。

去年胜赏曾孤倚，冰盘同燕喜。

胜赏：快乐的游赏。

冰盘：白色的瓷盘。

燕喜：宴饮的欢悦。燕，同“宴”。

更可惜、雪中高树，香篝熏素被。

香篝（gōu）：燃放香料的竹熏笼。

今年对花最匆匆，相逢似有恨，依依愁悴。

愁悴：因愁苦而憔悴。

吟望久，青苔上，旋看飞坠。

相将见、脆丸荐酒，人正在、空江烟浪里。

相将：即将。

脆丸：梅子。

但梦想、一枝潇洒，黄昏斜照水。

〔大意〕 粉墙低矮，梅花光彩夺目，依然是旧时风韵。花瓣上留有露水的淡淡痕迹，它仿佛是洗尽铅华的美人，更显出无限娇媚。去年游赏时，我也曾独倚花下，畅饮冰盘中美酒。最可爱的是那雪中的寒梅，就像是香笼上熏着雪白的绒被。今年游赏最为匆忙，梅花似乎也满含怨恨，面容憔悴。久久地凝视，久久地吟叹，青苔上已有了花瓣飘落。等到梅子熟时，人已在空江烟浪里。只能在梦中回想这样的情景：月色昏黄，一枝梅花斜照江水。

〔点评〕 这是一首咏物怀人之作。词中的时空范围相当灵活："梅花照眼"，实写眼前，"依然旧风味"，导入过去；"今年对花"，实写眼前，"相将见"，导入未来。《花庵词选》评这首词："此只咏梅花，而纡徐反复，道尽三年间事。昔人谓好诗圆美流转如弹丸，余于此词亦云。"

柳阴直，烟里丝丝弄碧。

丝丝：一缕一缕下垂的柳条。

隋堤上，曾见几番，拂水飘绵送行色。

隋堤：汴河堤。隋代开汴河，沿堤植杨柳，所以后人称汴河堤为隋堤。
绵：柳絮。

登临望故国，谁识京华倦客。

故国：故乡。
京华：京城，这里指汴京。
倦客：作者自指。

长亭路，年来岁去，应折柔条过千尺。

长亭：古代驿路上供行人休息或饯别的亭子。按古代驿站制度，五里一短亭，十里一长亭。

闲寻旧踪迹，又酒趁哀弦，灯照离席。

哀弦：哀伤的音乐。这里指送别的乐曲。

梨花榆火催寒食。

榆火：古代寒食禁火，节后朝廷取榆木、柳木钻火赐给百官。
寒食：节令名，清明前一至两天，禁火三日。

愁一箭风快，半篙波暖，

回头迢递便数驿，望人在天北。

迢递：遥远的样子。
驿：驿站，古代官方设立的供往来官员休息的接待站，一般隔三十里设立一个驿站。

凄恻，恨堆积。

渐别浦萦回，津堠岑寂，斜阳冉冉春无极。

别浦：送别的水边。浦，水边。
萦回：回旋。
津堠（hòu）：水边设置以记里程的土堡。一般五里设一单堠，十里设一双堠。

念月榭携手，露桥闻笛。

月榭：修建在高台上供赏月的敞屋。

沉思前事，似梦里，泪暗滴。

〔大意〕杨柳依依的隋堤上，丝丝柳条卖弄着碧色，在这里经历过无数次送别的场面。登高远望故乡，谁认得久居京华的我？长亭路上，年年岁岁，送别的人不知折断了多少柳条。寻觅旧时的踪迹，又一次在清明节时听着哀伤的音乐，饮酒告别。怕那春天的风吹送着离去的船，转眼之间回首，送行的人已经远在天边。心中满怀忧愁和别恨，送别的地方寂静冷清，只见到渐渐西沉的夕阳和无边的春色。回想和伊人携手赏月听笛的温馨，对照眼前分别后的孤独和凄凉，就好像做梦一样，不由得悄悄地流下了伤心的泪水。

〔点评〕据宋人笔记，周邦彦因为写作《少年游》(并刀如水)一词得罪了皇帝宋徽宗，被贬出京城。这首《兰陵王》词就是作者在离开京城之前写给当时的名妓李师师的。根据这一记载，这是一首留别的作品，而清人周济却认为这是一首“客中送客”的作品。无论是留别还是送别，表现离愁别恨是这首词的中心。古人有折柳送别的习俗，词借柳条起兴，借咏物备述别离之情。贺裳认为这首词“酷尽别离之惨”，非常准确地指出了这首词在表情上的特点。

暗淡轻黄体性柔，情疏迹远只香留。

体性柔：秉性温雅柔和。
情疏：情怀疏淡。
迹远：香气远闻，桂花又名九里香。

何须浅碧深红色，自是花中第一流。

梅定妒，菊应羞。画栏开处冠中秋。

妒：嫉妒。
羞：羞愧。
冠(guàn)：位居第一。

骚人可煞无情思，何事当年不见收？

骚人：诗人，此指屈原。
可煞：可是的意思，带疑问语气。
当年不见收：屈原当年作《离骚》，以名花珍卉喻君子修身美德，惟独桂花不在其列。

〔大意〕色泽淡黄，秉性温雅，情怀疏淡，香气远扬。何必有浅碧深红多色多彩，金桂自然是花中极品。梅花一定妒忌它，菊花一定自感羞愧。中秋节时开在画栏边，桂花是花中之冠。屈原当年为什么不以桂花喻美德，是不是忘记想起它？

〔点评〕这首词吟咏金桂，作者以赞赏的笔调描述了桂花的特征、品格，寄寓着作者的爱憎和人格。词的上片写桂花的独特风韵：颜色轻黄，光泽暗淡，清香四溢，品格高洁；下片转入议论，以梅、菊侧面烘托桂花高雅不凡的品格，结尾处转而为桂花未受赞赏抱不平。咏物形神兼备，堪称佳作。

驿外断桥边，寂寞开无主。

已是黄昏独自愁，更著风和雨。

著：遭受。

无意苦争春，一任群芳妒。

零落成泥碾作尘，只有香如故。

〔大意〕 荒僻郊外的断桥边，梅花寂寞开放无人欣赏。已是黄昏日落，更遭受了风吹雨打。无意与百花在春天里争妍斗艳，任凭群芳嫉妒。它默默地开，默默地落，最后被践踏成泥土碾成了灰，只有清香依然如旧。

〔点评〕 陆游一生喜爱梅花，曾写过一百多首诗词咏梅，堪称“一树梅花一放翁”。这首词歌颂梅花的高标独立、贞洁不渝，目的是自抒怀抱。梅花的艰难处境是作者抱负不能实现，遭受投降派排挤、打击的命运的写照；“零落成泥碾作尘，只有香如故”是作者坚强不屈、孤芳自赏性格的象征。

午梦扁舟花底，香满西湖烟水。

扁舟： 小船。
花底： 荷花下面。

急雨打篷声，梦初惊。

却是池荷跳雨，散了真珠还聚。

却是： 原来是。
真珠： 即珍珠。

聚作水银窝，泛清波。

〔大意〕 午睡入梦，梦见自己泛舟荡漾在西湖的荷花丛中，陶醉在满湖烟水满湖香的境界里。一阵急雨将人惊醒，还以为是身在船中听雨打船篷。原来是急雨敲打荷叶，雨珠上下跳动，散开又聚拢。水珠聚在荷叶中心，就像一窝泛着清波的水银。

〔点评〕 杨万里的词善于写生，描写动态。这首词咏荷上雨，清新灵动，生动形象，如诗如画。

予客武陵，湖北宪治在焉。古城野水，乔木参天。予与二三友日荡舟其间，薄荷花而饮，意象幽闲，不类人境。秋水且涸，荷叶出地寻丈，因列坐其下，上不见日，清风徐来，绿云自动，间于疏处窥见游人画船，亦一乐也。朅来吴兴，数得相羊荷花中。又夜泛西湖，光景奇绝，故以此句写之。

闹红一舸，记来时、尝与鸳鸯为侣。

舸(gě)：大船。

三十六陂人未到，水佩风裳无数。

三十六陂：形容水塘之多。

水佩风裳：用李贺《苏小小墓》诗句“风为裳，水为佩”，形容荷花姿态。

翠叶吹凉，玉容销酒，更洒菰蒲雨。

玉容销酒：形容荷花艳丽，犹如美人饮酒，满脸红霞。

菰蒲：一种浅水植物。

嫣然摇动，冷香飞上诗句。

日暮青盖亭亭，情人不见，争忍凌波去？

青盖：指绿色荷叶。

争忍：怎么忍心。

凌波：形容女子步履轻盈的样子。用曹植《洛神赋》“凌波微步”之典。

只恐舞衣寒易落，愁入西风南浦。

舞衣：荷叶。

高柳垂阴，老鱼吹浪，留我花间住。

老鱼：大鱼。

田田多少，几回沙际归路？

田田：荷叶相连的样子。南朝乐府诗《江南曲》：“江南可采莲，莲叶何田田。”

沙际：沙滩边。

〔大意〕记得上次来时，正是荷花盛开的时候，我们乘着游船荡进荷花丛中，和鸳鸯一起游玩。这里还有很多水塘还没有游人来到，那无数的荷花、荷叶像玉佩，像罗衣在清风绿水中摇曳。微风吹动碧绿的荷叶，散发出清凉；荷花带着酒意消退时的微红，分外迷人。当菰蒲的绿叶上洒满细小的水珠时，荷花荷叶就更美丽了。荷花随着清风摇动，凉爽的香气顿时染香了我的诗句。黄昏时分，荷叶好似亭亭玉立的美女，等待的情人没来，怎忍心凌波而去呢?只怕天气寒凉，舞衣般的叶子容易凋残，我只能满怀愁绪地送别你。高高的柳树垂下绿阴，大鱼在水中卷起浪花，挽留我留在荷花丛中。一望无边的荷叶，你可曾记得我多少回在沙堤的归路上徘徊?

〔点评〕这首词为托物寄怀之作。词的上片极写荷花之盛：翠叶吹凉，菰蒲带雨，荷花飞香，水光荷影交相辉映，诗人不由得流连忘返；下片写衰败肃杀的景象：西风送寒，舞衣落尽，鱼老人悲，表达愁怀难遣的感慨。词用对比手法，写盛衰异景，暗寓迟暮之感，在对荷花的爱恋中，寄寓着作者对生活理想的追求和高洁的人格。

暗香

姜夔

辛亥之冬，予载雪诣石湖。止既日，授简索句，且征新声，作此两曲。石湖把玩不已，使工妓隶习之，音节谐婉，乃名之曰《暗香》《疏影》。

旧时月色，算几番照我，梅边吹笛？

唤起玉人，不管清寒与攀摘。

玉人：美人。

与：共，同。

何逊而今渐老，都忘却春风词笔。

何逊：南北朝著名诗人，以《扬州法曹梅花盛开》一诗享誉一时。这里作者以何逊自比。

但怪得竹外疏花，香冷入瑶席。

江国，正寂寂。

叹寄与路遥，夜雪初积。

翠尊易泣，红萼无言耿相忆。

翠尊：翠绿色的酒杯，也指酒。

红萼(è)：指红梅。

长记曾携手处，千树压、西湖寒碧。

又片片吹尽也，几时见得？

〔大意〕旧时的月色有多少次照着我在梅林边吹着长笛?不管夜色清寒，唤起美人一起攀摘梅花。当年赋梅的诗人年岁老大，已经忘却了他那多彩多姿的文笔。只是奇怪竹林外稀稀疏疏的几枝梅花，它们清冷的芬芳总是传入筵席。江天一色，一片静寂。摘梅寄远，可叹路途遥遥，中间又有积雪阻隔。对酒伤情，看着这无言的梅花，难免勾起往日的回忆。忘不了当年携手的地方，千树梅花映照着西湖寒波澄碧。又到了片片吹尽的落梅时节,要到什么时候才能重见它们呢?

〔点评〕这首咏梅词是作者的代表作，也是咏物词中的名篇。作者借咏梅以写情志，以梅花来联系自己盛与衰的两段生活，表现自己的家国身世之感。周济《宋四家词选》分析这首词结构：“前五句为盛时如此，‘何逊而今渐老’四句，为衰时如此。‘长记曾携手处’二句，为想其盛时，‘又片片’二句，为感其衰时。”

苔枝缀玉，有翠禽小小，枝上同宿。

苔枝：枝干上生有苔藓的梅树。

翠禽：相传隋代赵师雄曾在罗浮山上与梅花仙子对饮，仙子的绿衣侍女为他们歌舞助兴。天亮以后，只看见梅树上有一只小小的翠鸟在蹦蹦跳跳、唧唧喳喳。

客里相逢，篱角黄昏，无言自倚修竹。

“无言”句：用幽居空谷的美女比喻梅花。语出杜甫《佳人》诗：“日暮倚修竹。”

昭君不惯胡沙远，但暗忆江南江北。

想佩环月夜归来，化作此花幽独。

“想佩环”句：用昭君的魂魄比喻梅花。语出杜甫《咏怀古迹五首》：“画图省识春风面，环佩空归月夜魂。”

犹记深宫旧事，那人正睡里，飞近蛾绿。

蛾绿：古代妇女画眉用的青黑色颜料，这里指寿阳公主的眉妆。相传南朝宋武帝的女儿寿阳公主曾经在含章殿下午睡，梅花落在公主额上，成为五出花瓣，拭擦不去，宫女们竞相仿效，时称梅妆。

莫似春风，不管盈盈，早与安排金屋。

金屋：汉武帝小时对姑母说：“若得阿娇作妇，当以金屋贮之。”

还教一片随波去，又却怨玉龙哀曲。

玉龙：指笛。

哀曲：指笛曲《梅花落》。

等恁时重觅幽香，已入小窗横幅。

恁时：那时。

〔大意〕长满苔藓的枝头上挂上了洁白的花朵，一只小小的翠鸟在枝上陪伴它同起同宿。正像那幽居空谷的绝代佳人，黄昏时在篱角边默默无言地独自倚靠着青青的翠竹。又像那远嫁塞外的王昭君，不习惯茫茫风沙的折磨，低头暗自忆念着江南江北。想必是她的香魂月夜归来化作梅花，所以才显得如此的幽怨凄凉，如此的寂寞孤独。还记得当年的深宫旧事，寿阳公主沉睡正酣，梅花悄悄地飞上额头，靠近她那青黑色弯弯的蛾眉。不要学那无情的春风不管百花的娇艳，要早早为它安排好金屋。听任它片片凋零随波而去时，这才来埋怨玉笛吹的《梅花落》太哀怨了。到那时再想寻找寒梅的幽香，它已经化作了小窗上疏影横斜的画幅。

〔点评〕这首咏梅词以美人喻梅，并将梅花与五个历史典故中的女性人物巧妙地联系起来，借以表现作者的高洁情怀及家国之思。周济《宋四家词选》分析这首词结构："此词以'相逢''化作''莫似'六字作骨。'莫似'五句，言其不能挽留，听其自为盛衰也。"张炎《词源》评价《暗香》《疏影》两词："前无古人，后无来者，自立新意，真成绝唱。"

齐天乐

姜夔

丙辰岁与张功父会饮张达可之堂，闻屋壁间蟋蟀有声，功父约予同赋，以授歌者。功父先成，辞甚美。予徘徊茉莉花间，仰见秋月，顿起幽思，寻亦得此。蟋蟀，中都呼为促织，善斗。好事者或以三二十万钱致一枚，镂象齿为楼观以贮之。

庾郎先自吟愁赋，凄凄更闻私语。

庾郎：指北周庾信，身为南人而北留，写有《愁赋》。

露湿铜铺，苔侵石井，都是曾听伊处。

铜铺：大门上铜环的底座。这里指大门。

哀音似诉，正思妇无眠，起寻机杼。

曲曲屏山，夜凉独自甚情绪？

屏山：屏风上曲折的远山。

西窗又吹暗雨。为谁频断续，相和砧杵？

砧杵（zhēnchǔ）：捣衣石与捶衣棒。这里指秋夜的捣衣声。

候馆迎秋，离宫吊月，别有伤心无数。

候馆：驿站。

离宫：行宫。

豳诗漫与。笑篱落呼灯，世间儿女。

豳诗：指《诗经·豳风·七月》，其中有“七月在野，八月在宇，九月在户，十月蟋蟀入我床下”句。

写入琴丝，一声声更苦。

写入琴丝：指谱写为琴曲。作者自注：“宣、政间有士大夫制《蟋蟀吟》。”此处即指本词。

〔**大意**〕庾信早已写成《愁赋》，记录了蟋蟀的凄切私语。寒露浸湿的门外阶下，苔藓铺满的石井栏边，都是它们吟唱的处所。哀怨凄凉，如泣如诉，彻夜难眠的思妇只好起来摆弄机杼。独对着屏风上曲折绵延的远山，此刻该是什么样的情绪？秋窗滴答着夜雨，蟋蟀断断续续的鸣声伴和着捣衣的砧杵声。客舍里迎来秋风，行宫中凭吊秋月，别有一种伤心滋味。《豳风》里描写蟋蟀率然成篇，孩子们捕捉蟋蟀，篱笆下传来欢声笑语。只有这谱入琴弦的蟋蟀词，一声比一声凄苦。

〔点评〕这首词吟咏蟋蟀。全词以凄凉的秋风秋雨为背景，细腻地描摹蟋蟀的声息动态。词的上片写思妇听觉形象中的蟋蟀，露湿、苔侵、屏山、机杼，都局限在庭院一望之间；下片写游子听觉形象中的蟋蟀，候馆、离宫、暗雨、寒砧，写尽了游子流落天涯的孤独凄凉之感，又以世间儿女的笑声反衬自己的凄苦。这首词描摹蟋蟀而着力于游子思妇的听觉与感受，咏物、写景、抒情密不可分，是历代咏物词中不可多得的佳作。

绮罗香

咏春雨

史达祖

做冷欺花，将烟困柳，千里偷催春暮。

做、将：这里都作动词使用，有制造、摆弄的意思。

尽日冥迷，愁里欲飞还住。

冥迷：模糊。这里形容雨雾迷蒙。

惊粉重、蝶宿西园，喜泥润、燕归南浦。

最妨它佳约风流，钿车不到杜陵路。

沉沉江上望极，还被春潮晚急，难寻官渡。

春潮晚急：指随着春潮袭来的急雨。语出韦应物《滁州西涧》诗："春潮带雨晚来急。"

官渡：官方设置的渡口。

隐约遥峰，和泪谢娘眉妩。

谢娘：这里泛指歌女、美人。

临断岸、新绿生时，是落红、带愁流处。

记当日门掩梨花，剪灯深夜语。

门掩梨花：指春雨。用李重元《忆王孙》中"雨打梨花深闭门"词意。

剪灯：指夜雨。用李商隐《夜雨寄北》中"何当共剪西窗烛，却话巴山夜雨时"诗意。

〔大意〕 制造一阵清寒欺凌春花，摆弄几缕轻烟笼罩新柳，千里春雨偷偷催促着春色进入迟暮。整日里春雨迷蒙，要想离去又留住。沾湿的粉蝶身体沉重，只好在西园留宿；南归的春燕喜欢春泥的滋润，把新巢筑在了南浦。最恨它阻断了佳期密约，佳人的香车上不了路。春潮急雨，沉沉日暮，望断江天，寻不见驿路津渡。那雨中隐约可见的远山，好像佳人带泪的蛾眉一样妩媚。俯临江岸，江边一片新绿生长，无数落红就要流落到这里。还记得当年雨打梨花，房门紧掩，她和我剪烛西窗，深夜柔言细语。

〔点评〕 这首词摹写春雨，而字字不离春怨。词中虽大量使用典故，但浑融无迹，最为难得。“临断岸”以下数句，尤其为姜夔所激赏。

双双燕

咏燕

史达祖

过春社了，度帘幕中间，去年尘冷。

春社： 春季祭土地神的节日，在立春以后清明以前，据说这时燕子从南方飞回。

度： 穿过。

差池欲住，试入旧巢相并。

差（cī）池： 参差不齐。

相并： 相合。

还相雕梁藻井，又软语商量不定。

相（xiàng）： 仔细打量。

雕梁藻井： 雕绘有花纹的屋梁、顶棚。

飘然快拂花梢，翠尾分开红影。

花梢： 花枝的末端。

红影： 花影。

芳径，芹泥雨润。

芹泥： 长有芹菜的泥地。

爱贴地争飞，竞夸轻俊。

红楼归晚，看足柳昏花暝。

红楼： 富贵人家。这里指燕子筑巢居住的地方。

应自栖香正稳，便忘了天涯芳信。

愁损翠黛双蛾，日日画栏独凭。

翠黛双蛾： 用青绿色画的双眉。这里指思妇。

〔**大意**〕 刚刚过了春社，燕子从南方飞回来了，它们穿过屋中的重重帘幕，似乎在寻找去年住过的旧巢。去年的旧巢已落满灰尘，冷冷清清。两只燕子飞来飞去，一会儿肩并着肩，好像要飞进巢中去住一住，一会儿飞上雕花的屋梁，好像在打量这老屋有没有什么变化。它们呢喃低语，似乎在商量什么又拿不定主意。它们飞出了老屋，拂过花梢而去。在花丛里、芳香的小路上、湿润的河滩边，燕子自由快乐地嬉戏，一会儿贴地低飞，一会儿冲入云霄。它们看够了大自然的春光，天色昏暗下来，才飞回了老屋中的旧巢，安安稳稳地进入了香甜的梦乡。因相思而憔悴的少妇天天独自靠着栏杆，痴情地等待着远方亲人的家书。而这一对快乐又满足的燕子，早已把托它们带回的书信忘记得一干二净。

〔点评〕 这首词咏燕，却通篇不出一“燕”字，以“过春社了”点明燕归时间，以“帘幕”“雕梁藻井”“芳径”“芹泥”“红楼”“柳昏花暝”描述燕飞的环境，以“软语商量”“飘然快拂”“分开红影”“贴地争飞”“栖香正稳”描写燕子的神情体态。咏物极为传神，极尽物性。末尾一句突然转入写思妇，以燕子双飞双宿反衬人的孤独，用笔出人意外，又在咏物中带入人情，增加了全词思想内容的丰富性，并且以人的等待和失望反衬出两只燕子的快乐忘情，明里写人，暗里仍为咏燕。这是作者艺术造诣的高妙之处。王士禛称之：“咏物至此，人巧极天工矣。”

渐新痕悬柳，淡彩穿花，依约破初暝。

新痕：刚刚露出的一弯新月。
依约：仿佛。
初暝：刚刚暗下来的天空。

便有团圆意，深深拜，相逢谁在香径？

深深拜：古时有妇女拜新月的习俗。

画眉未稳。料素娥、犹带离恨。

画眉未稳：没有画好的眉毛，指新月。
素娥：指嫦娥。

最堪爱、一曲银钩小，宝帘挂秋冷。

银钩：指弯弯的月亮像白色的帘钩。
宝帘：窗帘。

千古盈亏休问。

盈亏：圆缺。

叹漫磨玉斧，难补金镜。

玉斧：指玉斧修月的故事。传说月亮像一个弹丸，太阳的高温经常把月亮的表面融化得凹凸不平，有八万二千户人专门从事修补月亮的工作。
金镜：月亮。这里暗指祖国山河。

太液池犹在，凄凉处，何人重赋清景？

太液池：汉唐宫中的水池。这里指宋朝宫苑。
赋清景：据记载，宋太祖曾置酒赏月，命学士卢多逊作应制诗《咏月》。

故山夜永。试待他、窥户端正。

永：漫长。
端正：指月亮正圆。

看云外山河，还老尽、桂花影。

云外山河：指被占领的国土。

〔大意〕 一弯新月挂上柳梢，为刚刚暗下来的天空抹上了淡淡的亮光。人们在庭院中、花径下对着月亮，轻轻地诉说着团圆的心愿。弯弯的月亮挂在蓝色的天幕上，似乎在诉说着离愁别恨。最爱那一弯小小的月牙，挂在清冷的空中。从古至今，月亮有圆有缺，即使千万人磨快了玉斧，又怎么能让月亮不缺而长圆？当年人们赏月吟诗的太液池还在，但凄凄凉凉已经没有了赏月吟诗的人。长夜漫漫，就算是等到了月亮团圆的时候，而月光照映下的仍然是破碎的故国山河。

〔点评〕 这首词通过咏月寄托了作者爱国的赤子之心。陈廷焯《白雨斋词话》认为，这首词表达了作者的“一片热肠，无穷哀感”。“一片热肠”指作者对恢复故土的渴望，“无穷哀感”是指复国无日的痛苦。

一襟余恨宫魂断，年年翠阴庭树。

一襟：满腔。

宫魂：指蝉。传说齐王后含恨而死，她的魂化为蝉，所以称蝉为宫魂。

乍咽凉柯，还移暗叶，重把离愁深诉。

凉柯：秋天的树枝。

西窗过雨。怪瑶佩流空，玉筝调柱。

瑶佩：古代妇女身上佩戴的装饰品，行动时会发出有节奏的响声。

调柱：调弄乐器的弦，即弹奏。

镜暗妆残，为谁娇鬓尚如许？

娇鬓：形容蝉翼的美丽。

铜仙铅泪似洗，叹携盘去远，难贮零露。

“铜仙”句：汉武帝在建章宫中铸造了金铜仙人，手中捧着承露盘。魏明帝时，下令把金铜仙人拆迁到洛阳，当宫官把承露盘拆下来时，金铜仙人泪如雨下。

病翼惊秋，枯形阅世，消得斜阳几度？

病翼：指秋蝉。

枯形：指蝉蜕。

余音更苦。甚独抱清高，顿成凄楚？

谩想熏风，柳丝千万缕。

谩想：指思绪漫无边际。

熏风：南风，指夏天的风。

〔**大意**〕 自从化蝉以后，年年只身栖息在庭院的树阴间，孤寂凄清。它一会儿在秋天的树枝上，一会儿移到阴暗的树叶下，一次又一次倾诉心中的离愁别恨。一阵秋雨飘过，送来清脆悦耳的蝉鸣。秋天已经到了，蝉的生命也快要结束，它为什么还如此着意地装点自己呢？金铜仙人的承露盘已被拆下，蝉失去了维系生命的露水，它还能再欣赏几次西下的夕阳呢？在蝉的凄楚哀怨的鸣叫中，为什么蕴涵着过多的清高和傲世？它的漫无边际的思绪一定早已回到千万缕柳丝飞舞的夏天，那正是它生命的黄金时期。

〔点评〕 南宋灭亡后，元僧杨琏真加盗掘了会稽的南宋帝后陵墓，暴尸骨于草野间。当时一批遗民词人在悲愤之余先后五次集会，用《天香》《水龙吟》《摸鱼儿》《齐天乐》《桂枝香》词调分咏龙涎香、白莲、莼、蝉、蟹，托物寄意，以抒亡国之痛。王沂孙的这首词是其中的一首。词中用了金铜仙人的典故，影射南宋的灭亡，用“蝉”暗指亡国的遗民，“谩想熏风，柳丝千万缕”表明对故国的怀念，而“余恨”“离愁”等则象征国破家亡的痛苦。

花褪残红青杏小

——四季风情篇

春光秋色、春思秋怨是文学创作中永远说不完的话题。宋词中单纯描写四季风光的作品实际上并不多见。如晏殊的《清平乐》（金风细细），写秋风细细、叶落花残的景象，但从小窗浓睡、银屏微寒的生活场景中，自然流露出作者恬淡的心境；王安国的《清平乐》（留春不住），写满地残红、杨花自在的暮春景象，但作者的惜春之情同时也跃然纸上。所以，描写四时风光的作品，更多的是在春花秋月中植入了人的情感。如刘辰翁的《兰陵王》（送春去），通过对美好春光的依恋表达其故国之思。寓情于景、情景交融是这类作品的共同特色。

以四季风情为题材的作品，其创作方法有两大特点：其一是典型化，即有选择地强化某些特殊的物候，塑造具有季节特征的典型环境。如春季的春风、春花、黄莺、归燕、新柳等，夏季的炎风、烈日、荷花、竹席等，秋季的秋露、秋霜、落叶、金菊、丹桂等，冬季的白雪、梅花等，都是词人常关注的对象。其二是赋予这些典型物候以人的喜怒哀乐。春光可能是春风拂柳，春花烂漫，也可能是春思春怨，哀婉缠绵；秋光可能是秋高气爽，开朗明净，也可能是秋风秋雨，凄厉肃杀。其间的差别，就在作者的心境，即所谓“感时花溅泪，恨别鸟惊心”（杜甫《春望》），花鸟的感情也就是人的感情，现代文艺理论称之为移情作用。

破阵子
春景

晏殊

燕子来时新社，梨花落后清明。

新社：春社，古代春季祭祀土地神的日子，约在春分前后。

池上碧苔三四点，叶底黄鹂一两声。

碧苔：此指水边绿苔。

日长飞絮轻。

絮：柳絮。

巧笑东邻女伴，采桑径里逢迎。

巧笑：美丽的笑容。

疑怪昨宵春梦好，元是今朝斗草赢。

元是：原来是。

斗草：古代妇女常采草进行游戏，以所持草赌输赢。

笑从双脸生。

双脸：双颊。

〔**大意**〕新社时燕子从南方飞回，梨花飘落，快到清明时节。水边上长了三四点绿苔，树叶下传出黄鹂的一两声。白昼变长，柳絮在空中飘飞。美丽的邻家姑娘在采桑的路上相逢，奇怪昨夜春梦好，原来是今天斗草赢了，禁不住笑从双颊生。

〔点评〕这首词用轻淡的笔触描绘了一幅清新明丽的郊外春景图。词的上片写景，用燕子、梨花、碧苔、黄鹂、柳絮这些富有代表性的春天景物，点出节令特征，充满闲情逸趣；下片写人，作者捕捉住两位采桑女子斗草的场面，用轻松欢快的笔调，写出了少女天真无邪的神态。

清平乐

晏殊

金风细细，叶叶梧桐坠。

金风：秋风。

绿酒初尝人易醉，一枕小窗浓睡。

紫薇朱槿花残，斜阳却照阑干。

双燕欲归时节，银屏昨夜微寒。

〔大意〕 秋风细细，梧桐叶一片一片飘落。新酿的绿酒最容易让人醉倒，人靠着窗口沉沉睡去。紫薇、木槿花都已凋残，夕阳却又回照在栏杆上。此时正是双燕就要归来的时节，昨夜在屏风外已微感寒凉。

〔点评〕 这是一首描写秋思的词。词的上片写酒醉之后的浓睡，下片写酒醒之后的感受。全词意境悠闲，表现了当时士大夫生活的恬淡、雍容。

玉楼春

宋祁

东城渐觉风光好，縠皱波纹迎客棹。

縠(hú)皱：这里形容水面细细的波纹。縠，有细匀皱褶的纱。
棹(zhào)：船桨。这里代指船。

绿杨烟外晓寒轻，红杏枝头春意闹。

浮生长恨欢娱少，肯爱千金轻一笑？

浮生：飘浮不定的短暂的人生。
肯：岂肯。

为君持酒劝斜阳，且向花间留晚照。

“且向”句：化用李商隐《写意》中“日向花间留晚照”之句。

〔大意〕 城东的风景渐渐变得美好，波光粼粼，画船悠悠。杨柳枝头笼着轻烟，还带着一丝寒气；满树杏花枝头怒放，春意浓浓。人生苦短，欢娱恨少，岂肯为区区千金开口一笑？再尽一杯美酒，挽留夕阳在花间多停留片刻。

〔点评〕 这首词是宋祁的成名作，主要写赏春与惜春之情。词的上片写春天的喧闹，一派生机勃勃的景象令人赞赏；下片慨叹春光易逝，欢娱日少，流露出淡淡的感伤。“红杏枝头春意闹”，一个“闹”字，生动传神地写出了春天的生机、春花的繁盛、春意的热烈，词人也因此获得了“红杏枝头春意闹尚书”的雅号。

留春不住，费尽莺儿语。

满地残红宫锦污，昨夜南园风雨。

残红：落花。
宫锦：这里比喻花瓣。

小怜初上琵琶，晓来思绕天涯。

小怜：北齐后主宠妃冯淑妃。这里指歌女。

不肯画堂朱户，春风自在杨花。

〔大意〕费尽了黄莺儿的喋喋絮语，还是留不住春光。满地落花像被污损的锦绣，怪只怪南园昨夜的风雨。梦中的伊人刚刚拨动琵琶，梦醒的人儿魂绕天涯。春风中自由自在的杨花，不留恋画堂朱户的豪华。

〔点评〕这首词写残春景象，但作品的重点在惜春之情。“费尽莺儿语”，满怀留恋之情；“晓来思绕天涯”，上下求索，更见执著；“不肯”“自在”，则表现了作者的性格。作为王安石的弟弟，安国不肯依凭其兄长的权势因缘际会，甚至最终被罢归田里，其品格可想而知。

洞仙歌

苏轼

余七岁时，见眉州老尼，姓朱，忘其名，年九十岁。自言尝随其师入蜀主孟昶宫中。一日大热，蜀主与花蕊夫人夜纳凉摩诃池上，作一词。朱具能记之。今四十年，朱已死久矣，人无知此词者，但记其首两句。暇日寻味，岂《洞仙歌令》乎？乃为足之云。

冰肌玉骨，自清凉无汗。

水殿风来暗香满。

水殿：指摩诃池上的宫殿。

绣帘开，一点明月窥人，

人未寝，欹枕钗横鬓乱。

起来携素手，庭户无声，时见疏星渡河汉。

河汉：指银河。

试问夜如何？夜已三更，金波淡，玉绳低转。

金波：指月光。

玉绳：北斗七星中的两星名。这里指北斗星。

但屈指西风几时来，又不道流年，暗中偷换。

西风：秋风。

不道：不觉。

流年：流水年华。

〔**大意**〕冰肌玉骨，清凉无汗。水殿上，微风吹来，暗香弥漫。绣帘撩起的空隙里，月光悄悄地窥视着伊人，伊人未睡着，斜倚衾枕，钗横鬓乱。起来携手同游，庭户间寂静无声，不时有疏落的流星划过银河。试问是夜里什么时候，夜已三更，月色开始暗淡，北斗也已经低转。屈指一算，秋风过不了多久就会降临，不知不觉中，似水的流年已经暗中偷换。

〔点评〕这首词上片写暑天美人纳凉的情景，下片由月夜纳凉星移斗换的景象联想到时光的推移、季节的更换，进而联想到年华的流逝，从而引出作者的人生感慨。《墨庄漫录》引孟昶原词："冰肌玉骨清无汗，水殿风来暗香满。帘间明月独窥人，攲枕钗横云鬓乱。三更庭户悄无声，时见疏星渡河汉。屈指西风几时来，只恐流年暗中换。"苏轼词乃隐括孟昶原词而成。全词情思清婉，格调高旷，张炎称之"清空中有意趣，无笔力者未易到"。

花褪残红青杏小。

燕子飞时，绿水人家绕。

枝上柳绵吹又少，天涯何处无芳草。

柳绵：柳絮。

墙里秋千墙外道。

墙外行人，墙里佳人笑。

笑渐不闻声渐悄，多情却被无情恼。

多情：指行人。
无情：指佳人。

〔大意〕红色的花瓣落掉，小小的青杏长出来。燕子飞来飞去，碧绿的春水把人家环绕。枝头的柳絮随风飘飞，渐渐变少，天涯处处长满芳草。墙内的秋千，墙外的大路。墙外行人听得见墙内佳人的欢声笑语。欢笑声渐渐停歇，多情的人徒自增添烦恼。

〔点评〕这首词通过描绘晚春景色，表现对春光消逝的感叹和感情不为人理解的烦恼。词的上片伤春，“花褪残红”“枝上柳绵吹又少”隐含对春光渐逝的惋惜，但作者仍表现出旷达的情怀，“绿水人家绕”“天涯何处无芳草”刻画出春天的生机盎然。词的下片伤情，墙内佳人无意中的欢笑，徒增墙外行人多情的烦恼。这虽是个人情怀，但颇具人生的哲理，表现了作者对爱情对人生的看法。全词寓情于景，蕴藉含蓄，感人至深。

小雨纤纤风细细，万家杨柳青烟里。

恋树湿花飞不起。

愁无比，和春付与东流水。

九十光阴能有几？金龟解尽留无计。

金龟：古人佩带的一种饰物。贺知章曾以金龟换酒款待李白。

寄语东城沽酒市。

沽酒市：酒店。

拚一醉，而今乐事他年泪。

〔大意〕风雨细细，上万的人家掩映在杨柳枝条下、雾霭烟云里。落花沾湿了，沉甸甸地贴在树上不忍离去。伤春惜春，愁怨无比。将这满怀愁绪连同着春光，交付给东流的江水。春光还能有多少？金龟换酒，也留不住春天。请告诉东城酒店的客人：纵情一醉，今日的欢乐便会成为他年伤心的眼泪。

〔点评〕这是一首惜春之作。词的上片写景，“恋树湿花飞不起”，想象奇特，语言工致，富有诗情画意；下片抒情，“而今乐事他年泪”与姜夔词中“少年情事老来悲”有异曲同工之妙，语言悲凉而含有哲理，令人深思。

望海潮

秦观

梅英疏淡，冰澌溶泄，东风暗换年华。

梅英： 梅花。

冰澌： 河水解冻时流动的冰块。

金谷俊游，铜驼巷陌，新晴细履平沙。

金谷： 西晋石崇在洛阳金谷筑有豪华别墅，号金谷园。

铜驼： 洛阳旧有铜驼街，街上有汉代所铸的两只铜驼。

长记误随车。正絮翻蝶舞，芳思交加。

柳下桃蹊，乱分春色到人家。

桃蹊： 桃树下的小路。

西园夜饮鸣笳。有华灯碍月，飞盖妨花。

西园： 驸马都尉王诜的庭园。

飞盖： 急驶的车辆。

兰苑未空，行人渐老，重来是事堪嗟!

兰苑： 花园的美称，这里指西园。

是事： 事事。

烟暝酒旗斜。但倚楼极目，时见栖鸦。

无奈归心，暗随流水到天涯。

〔**大意**〕 枝头的梅花已慢慢稀少，河里的冰块也悄悄消融，冬去春来，时光流逝。记得当年京城的豪华宴游，新春新晴，踏着小路上细细的平沙。在柳絮飘飞、蜂飞蝶舞、春心荡漾的时刻，无意中跟随着别人的香车。桃李成荫的小路通往各地，好像要把春色带到各家各户。夜饮西园，击鼓鸣笳。明亮的彩灯映暗了月色，飞驰的车篷挂落了春花。当年的园林还是那样繁华，归来的游子却已经满头白发。重游故地，事事可感叹。暮色笼罩，酒旗倾斜。倚楼远望时，不时看见归巢的乌鸦。无奈那盼归之心悄悄地随着流水，直到海角天涯。

〔**点评**〕 元祐年间，作者曾经和苏轼等人聚会于驸马都尉王诜的西园，名士雅集，当时为人称美。著名画家李伯时曾绘有《西园雅集图》，可见一时之盛。绍圣元年，党祸将起，作者故地重游，不胜感慨。这首词由眼前春景到追忆昔游，再写故地重游之感，言外有无限凄怆之意。周济《宋四家词选》说：“两两相形，以整见劲，以两‘到’字作眼，点出‘换’字精神。”

虞美人

雨后同干誉、才卿置酒来禽花下作

叶梦得

落花已作风前舞，又送黄昏雨。

晓来庭院半残红，惟有游丝千丈罥晴空。

罥(juàn)：挂。

殷勤花下同携手，更尽杯中酒。

美人不用敛蛾眉，我亦多情无奈酒阑时。

酒阑：宴席将散。

〔大意〕落花已经随风飘舞，黄昏时又下了一场春雨。早上起来，庭院里到处是残落的花瓣，只有柳丝还高高挂在枝头。情投意合的朋友花下同行，残花下再干一杯美酒。美人们用不着紧锁双眉，我和你们一样多情，怎奈已到了酒阑人散的时候。

〔点评〕这首词伤悼暮春。春天是万物复苏、生机蓬勃的季节，人们往往将其视为青春的象征。而暮春三月，一番风雨，一番狼藉，又很容易使人感伤于春光的短暂，进而联想到青春的流逝。古人多有伤春之作，其原因即在于此。这首词上片写景，下片记事，情景相生，委婉曲折。明人沈际飞最欣赏末二句："下场头话偏自生情生姿，颇播妙耳。"

新月娟娟，夜寒江静山衔斗。

斗(dǒu)：这里指北斗七星。

起来搔首，梅影横窗瘦。

好个霜天，闲却传杯手。

君知否？乱鸦啼后，归兴浓于酒。

〔大意〕新月娟娟，夜色清寒，江面静静无波，远山遥接北斗。彻夜难眠，搔首踟蹰，梅影清瘦。清秋虽好，却没有人陪我畅饮美酒。乌鸦乱啼，远方的人儿你可知道，我回乡归隐的情怀浓于杯中美酒。

点绛唇

汪藻

〔点评〕这是一首深秋即景之作。词中通过景物的描绘，委婉地传达出作者官场失意的苦闷心情。情在景中，不即不离，颇为传神。据前人考证，汪藻曾屡受弹劾，词中“乱鸦”云云，即有感而发。

送春去，春去人间无路。

秋千外、芳草连天，谁遣风沙暗南浦？

南浦：借指宋朝的锦绣河山。

依依甚意绪？漫忆海门飞絮。

漫忆：空忆。

海门飞絮：临安沦陷后，南宋的宗室、官员、军队多从海上逃亡，向南方撤退。

乱鸦过，斗转城荒，不见来时试灯处。

乱鸦：指元军。 **斗**(dǒu)：北斗。

来时：以前。 **试灯**：张挂彩灯。

春去，谁最苦？

但箭雁沉边，梁燕无主，杜鹃声里长门暮。

箭雁：中箭受伤的大雁。比喻遭到亡国打击的南宋君臣。

梁燕：指流散失所的南宋士大夫。

长门：长门宫，汉武帝时陈皇后失宠，居长门宫。这里指代南宋故宫。

想玉树凋土，泪盘如露。

玉树凋土：暗指南宋故宫的荒凉破败景象。玉树，据记载，汉代的甘泉宫中有玉树。

泪盘如露：魏明帝命人迁移捧承露盘的金铜仙人时，传说仙人泪下。暗指国家灭亡。

咸阳送客屡回顾，斜日未能度。

“咸阳”句：李贺《金铜仙人辞汉歌》中有“衰兰送客咸阳道”句，这里用来比喻南宋君臣对故国的依恋。

春去，尚来否？正江令恨别，庾信愁赋。

江令恨别：指江淹作有《别赋》。

庾信愁赋：指庾信写有《愁赋》。

苏堤尽日风和雨。

苏堤：西湖外湖和里湖的界堤，为苏轼知杭州时修建。

叹神游故国，花记前度。

花记前度：用刘禹锡《再游玄都观》“前度刘郎今又来”诗意。

人生流落，顾孺子，共夜语。

孺子：小孩子。

〔**大意**〕 春天离去了，连一点痕迹也不肯留下。远处天边刮来风沙，头上飞过乱鸦，天昏地暗，城市顿成荒丘。再也看不见春的美好和都市的繁华，空想起海上逃亡的凄惶与悲凉。春天离去了，谁的心中最悲苦?是带着箭伤从高空坠落的大雁，是找不到栖息之所的春燕，是在暮色中故宫前叫出了鲜血的杜鹃，是故宫中凋谢了的玉树，是以泪水洗面的金铜仙人。在夕阳中，金铜仙人不断地回头顾盼自己的故土。春天离开了，它还能不能再回来?江淹和庾信在北去之后写下《别赋》《愁赋》，苏堤整天刮着狂风暴雨。故国早已是一片荒凉，面目全非。四处流落的人儿，只有对着自己的亲人，在夜晚诉说着心中的悲哀和痛苦。

〔**点评**〕 丙子年(1276)二月，元军占领南宋都城临安，并把投降的南宋君臣押送到北方去。这首词作于这一年的暮春。词为送春，实是哀悼南宋的灭亡，借暮春凄惨凋敝之景抒发亡国的哀痛。词情悲怆凄楚，让人不禁为之泪下。陈廷焯《白雨斋词话》说：“题是‘送春’，词是悲宋，曲折说来，有多少眼泪。”

东风夜放花千树

——节令风俗篇

一个节日，就是一个民族风情文化的凝聚点；一系列节日，就可以组合成一条民族风情文化的艺术长廊。文学作品中有关节日的作品真实地记录了当时的民俗风习，具有较高的历史文化价值。同时，独特的民族文化色彩也具有独特的艺术魅力。

宋词中较为常见的节日，有立春、元夕、清明、寒食、端午、七夕、中秋、重九、除夕等。宇文虚中的《迎春乐》所记叙的汴京立春的风习“宝幡彩胜堆金缕，双燕钗头舞”，完全可以和《东京梦华录》等笔记的记载相参证。有关元宵灯会的风习，辛弃疾的《青玉案》“东风夜放花千树，更吹落，星如雨”，描绘出元宵灯会的繁盛。有关寒食节，周密的《曲游春》“看画船尽入西泠，闲却半湖春色”，写杭州寒食游西湖，“午后尽入里湖，抵暮始出”的习俗。以上这些都特别富于民族文化特色。阅读这类作品，就好像沿着时光隧道回溯千年，去领略宋朝三百年的民族文化风情。

生查子

欧阳修

去年元夜时，花市灯如昼。

元夜：正月十五元宵节的夜晚。

花市：夜晚的灯市。花，指花灯。

月上柳梢头，人约黄昏后。

约：约会。

今年元夜时，月与灯依旧。

不见去年人，泪湿春衫袖。

〔**大意**〕去年的元宵之夜，花灯明亮如同白昼。一轮明月渐渐爬上柳树梢，悄悄窥视着倾吐衷情的人儿。今年的元宵之夜，月儿与灯光如去年一样。只是不见了去年约会的心上人，泪水湿透春衫的衣袖。

〔点评〕这首词抒写在元宵夜观灯时引起的回忆和感想。通过主人公甜蜜温馨的回忆和凄凉孤寂的现实作强烈对比，表现出物是人非、旧情难续的感伤心情。词中描绘的元宵夜观灯的情景，表现出都市生活的繁华热闹。而“月上柳梢头，人约黄昏后”两句所创造的甜美幸福的情境，更使这首词成为广为传诵的名篇。

水调歌头

苏轼

丙辰中秋，欢饮达旦，大醉，作此篇，兼怀子由。

明月几时有？把酒问青天。

把酒：端着酒杯。

不知天上宫阙，今夕是何年？

宫阙：宫殿。阙，宫门前的望楼。

我欲乘风归去，又恐琼楼玉宇，高处不胜寒。

琼楼玉宇：指月宫。

不胜：禁受不住。

起舞弄清影，何似在人间？

转朱阁，低绮户，照无眠。

朱阁：朱红色的楼阁。

绮户：雕花的门窗。

不应有恨，何事长向别时圆？

人有悲欢离合，月有阴晴圆缺，此事古难全。

但愿人长久，千里共婵娟。

婵娟：指月亮。

〔大意〕 明月是什么时候来到天上的？我举杯遥问青天。不知天上的时光，现在是哪月哪年？我想乘着长风回到天上，又怕忍受不了月中高处的严寒。月光下舞影凌乱，天上哪里比得上这人间美好呢？月儿转过楼阁，蹓进门窗，照见床上彻夜难眠的人儿。明月想来不应该有什么离别之恨，为什么它总是在人们离别的时候团团圆圆？人生难免有悲欢离合，月亮也难免有阴晴圆缺。这种事情，从古至今都难以十全十美。但愿月下的人们长保平安，虽远隔千里，也能永远共赏这一轮明月。

〔点评〕 这首词作于神宗熙宁九年(1076)，作者时任密州 (今山东诸城) 知州。中秋之夜，月下畅饮，怀念千里之外的弟弟，作者写下了这首传诵千古的名作。词的上片写望月，通过浪漫的想象追问宇宙的时空状态，以此表达其徘徊于天上、人间的矛盾心理；下片怀人，通过无边的月色怀想千里之外久别的弟弟苏辙，词末出之以旷达，以宽解其满腹惆怅。《苕溪渔隐丛话》评价这首词说："中秋词，自东坡《水调歌头》一出，余词皆废。"

凭高眺远，见长空万里，云无留迹。

桂魄飞来光射处，冷浸一天秋碧。

桂魄：月光。

玉宇琼楼，乘鸾来去，人在清凉国。

玉宇琼楼：指月亮。

清凉国：这里指广寒宫。

江山如画，望中烟树历历。

我醉拍手狂歌，举杯邀月，对影成三客。

“举杯”两句：化用李白《月下独酌》中“举杯邀明月，对影成三人”诗意。

起舞徘徊风露下，今夕不知何夕。

便欲乘风，翩然归去，何用骑鹏翼。

翩然：轻快的样子。

水晶宫里，一声吹断横笛。

吹断横笛：唐代李謩善吹笛，号为天下第一。曾月夜泛舟吹笛，遇一客借其笛以吹，所奏精妙，山石可裂。至入破，横笛应指粉碎。人疑其为蛟龙。

〔**大意**〕登高望远，长空万里，没有一丝云彩的痕迹。月色清凉，冷清清长空如碧。月儿宛如天上的琼楼玉宇，仙人们驾鹤乘鸾，在这冰清玉洁的世界里来来去去。江山如画，一望之间，一草一木非常清晰。我已经酣然沉醉，拍手狂歌，举起酒杯邀请明月，与月下的身影共同成为宇宙间的三位狂客。翩然起舞在秋风秋露之下，不知此时此刻是何年何月。就此乘风翩然归去，何必骑上大鹏的羽翼。在这清明澄澈的水晶宫里，摧金裂帛，一声吹断横笛。

〔**点评**〕苏轼有《水调歌头》(明月几时有)一首咏中秋，前人以为中秋词自此词一出，“余词尽废”。但苏轼本人又以此调咏中秋，同样化用李白诗意，境界与《水调歌头》不同。《水调歌头》徘徊于出入世之间，但最终以“起舞弄清影，何似在人间”一语放弃了琼楼玉宇，选择了报效君国、建功立业的人生道路，神宗皇帝曾为此称赞“苏轼终是爱君”。而这首词直欲乘风翩然归去，不再留恋人间，表现了作者历尽坎坷大彻大悟之后的解脱。全词清逸超迈，飘飘欲仙，充分体现了作者的旷达胸怀。

暗柳啼鸦，单衣竚立，小帘朱户。

桐花半亩，静锁一庭愁雨。

洒空阶、夜阑未休，故人剪烛西窗语。

“故人”句： 化用李商隐《夜雨寄北》中诗句：“何当共剪西窗烛，却话巴山夜雨时。”

似楚江暝宿，风灯零乱，少年羁旅。

迟暮，嬉游处，正店舍无烟，禁城百五。

禁城： 宫城，这里泛指北宋都城汴京。

百五： 寒食节在冬至之后一百零五日，所以称寒食为“百五”。

旗亭唤酒，付与高阳俦侣。

旗亭： 泛指酒楼。

高阳俦侣： 指酒徒。

想东园、桃李自春，小唇秀靥今在否？

小唇秀靥： 指美女。

到归时、定有残英，待客携尊俎。

尊俎： 泛指食具。

〔**大意**〕柳暗烟迷，暮鸦哀鸣，小帘朱户中伤心人单衣独立。半亩桐花，一庭凄风苦雨。深夜雨声不绝，苦无良朋共语，好似少年时作客楚江风雨中独宿的情景。如今人已衰老，羁留京城，又遇上寒食节。旗亭饮酒的风流韵事，都交给了那帮酒朋诗友。怀想故乡东园，此时的桃李树也应呈现出一片春意，不知当年的美女是否还在。等到我归去时，一定还有落花等着人携酒重聚。

〔点评〕这是一首寒食思乡之作。《蓼园词选》分析这首词的结构："前写宦况凄清，后段起处点寒食，以下引到思家。"

宝幡彩胜堆金缕，双燕钗头舞。

宝幡彩胜：指绢花。

双燕：剪成双燕形状的戴在头上的装饰品。

人间要识春来处，天际雁，江边树。

故国莺花又谁主？

莺花：黄莺、野花，代指春天的景物。

念憔悴，几年羁旅。

把酒祝东风，吹取人归去。

〔大意〕立春这一天，妇女头戴着绢花、双燕庆祝春天的到来。北国的春天到哪里去寻找呢？天边北归的大雁和江边发芽的树木会带给人们春的消息。遥想故国，那群莺飞舞、野花遍地的大好春光不知有谁在欣赏。想想自己几年以来的羁旅生活，不由得举起酒杯，祈祷东风把自己吹回故国去。

〔点评〕宇文虚中作为宋朝的大臣出使金国，为了完成自己的使命而不得不羁留在金国，但作者时时刻刻都在盼望着回到祖国的怀抱。词中对春天的向往，就象征着作者对故国的思念以及对自由的渴望。

薄雾浓云愁永昼，瑞脑消金兽。

永昼： 漫长的白天。
瑞脑： 即冰片。
金兽： 兽形铜香炉。

佳节又重阳，玉枕纱厨，半夜凉初透。

纱厨： 纱帐。

东篱把酒黄昏后，有暗香盈袖。

东篱： 这里指种菊的地方。

莫道不消魂，帘卷西风，人比黄花瘦。

消魂： 失魂落魄的样子。
黄花： 菊花。

〔大意〕薄雾浓云，白昼漫长，名贵的香料焚烧后已化为炉中的灰烬。又到了重阳佳节，半夜醒来，唯帐中卧具都浸透了凉气。黄昏后在东篱把酒赏菊，有淡淡的香气充盈衣袖。不要以为此情此景不让人失魂落魄，西风卷动珠帘，人儿比菊花还要消瘦。

〔点评〕这是作者早年的作品，词写闺中少妇的秋思。词的上片写秋日气候的恼人，下片写赏菊之际的遐想。“莫道不消魂，帘卷西风，人比黄花瘦”三句为千古名句。

行香子 七夕

李清照

草际鸣蛩，惊落梧桐，正人间天上愁浓。

蛩：蟋蟀。

云阶月地，关锁千重。

云阶月地：这里指天宫。

纵浮槎来，浮槎去，不相逢。

浮槎(chá)：银河里的木筏。相传有人驾着木筏沿河而上，到达银河，并见到了牛郎织女。

星桥鹊架，经年才见，想离情别恨难穷。

牵牛织女，莫是离中？

甚霎儿晴，霎儿雨，霎儿风？

霎儿：一会儿。

〔大意〕 草地里蟋蟀不停地哀鸣，惊落了梧桐叶，天上人间愁意正浓。天上的琼楼玉阙层层锁闭，即使划着船儿来，划着船儿去，也难以相逢。喜鹊架起长桥，整整一年才能见面，想必离情别恨无穷无尽。牛郎和织女，此刻莫非还在难舍难分之中？否则，为什么天一会儿变晴，一会儿下雨，一会儿又刮风？

〔点评〕 这首词写牛郎织女七月初七鹊桥相会。词的上片设想天上人间的分隔，下片设想鹊桥相会的缠绵。“霎儿晴，霎儿雨，霎儿风”，将牛郎织女悲喜交集的神态描摹得淋漓尽致。

双星良夜，耕慵织懒，应被群仙相妒。

双星：指牛郎星、织女星。

娟娟月姊满眉颦，更无奈风姨吹雨。

颦(pín)：皱着眉头。

相逢草草，争如休见，重搅别离心绪。

新欢不抵旧愁多，倒添了新愁归去。

〔大意〕鹊桥相会的七月初七，牛郎织女早已无心耕织，天上的群仙也会忌妒他们。美丽的嫦娥紧锁愁眉，风姨也不停地催风吹雨。草草相逢，倒不如不见，免得再次搅乱离情别绪。短暂相逢的欢乐本来就抵消不了无穷无尽的离愁，这回反倒增添了新愁归去。

〔点评〕这是一首描写七夕之夜牛郎织女相会的作品。作品选择的时间，是在七夕这天鹊桥飞架之前。等待了一年的男女主人公就要相见了，相见之前的期待，往往特别的温馨，这是同类作品常用的视角。这首词却与众不同，让主人公提前想到了相逢之后的再次别离。“新欢不抵旧愁多，倒添了新愁归去”，这悲喜交集的情感冲突让这首词具有独特的艺术魅力。

东风夜放花千树，更吹落，星如雨。

花、星：均指花灯。

宝马雕车香满路。

雕车：车身雕刻有图案的马车。

凤箫声动，玉壶光转，一夜鱼龙舞。

玉壶：用白玉制成的花灯。
鱼龙舞：一种大型百戏。这里指变幻无常的彩灯。

蛾儿雪柳黄金缕，笑语盈盈暗香去。

蛾儿、雪柳、黄金缕：都是妇女佩戴的头饰。

众里寻他千百度。

蓦然回首，那人却在，灯火阑珊处。

蓦然：猛然，突然。
阑珊：零落，这里指稀少。

〔大意〕 春风一夜催开千树繁花，更吹落满天繁星，洒落如雨。车水马龙，香气充满道路。笙箫鼓乐齐奏，彩灯闪亮飞转，通宵达旦，变化无穷。妇女们佩戴着光彩夺目的首饰，笑语盈盈，伴随着阵阵幽香来来去去。在人丛中寻找了千百次，猛然回头，要找的人儿却在灯火稀疏的地方。

〔点评〕 这首词写元宵节。词的上片写元宵之夜灯会的繁盛，下片写灯会上男男女女呼朋唤侣的热闹，但词人之意不在于此，词人所欲寻找的是灯火稀疏处的佳人。“蓦然回首，那人却在，灯火阑珊处”，境界卓异不凡，梁启超认为是“自怜幽独，伤心人别有怀抱”。

巷陌风光纵赏时，笼纱未出马先嘶。

巷陌：街道。
纵赏：纵情游赏。
笼纱：纱笼，用纱制的灯笼。

白头居士无呵殿，只有乘肩小女随。

白头居士：作者自称，此时姜夔年已四十三岁。
呵殿：前呵后殿，即前呼后拥之意，指豪贵身边的随从。
乘肩：指小孩坐在大人的肩上。

花满市，月侵衣，少年情事老来悲。

花满市：花灯布满都市。
少年情事：指作者的爱情悲剧。姜夔二十多岁时在合肥曾结识了一位红颜知己，后来分手了，他一直对她眷念不已。

沙河塘上春寒浅，看了游人缓缓归。

沙河塘：地名，在南宋都城临安(今浙江杭州)。

〔大意〕 正是人们纵情游赏街市风光之时，纱笼未出马儿已先嘶叫。年老的我没有人前呼后拥，只有小女儿相随作伴。花灯满市，月色照人，想起年少时的灯夜游乐，禁不住悲从中来。沙河塘上春寒料峭，看完灯后我缓缓归来。

〔点评〕 这首词作于宋宁宗庆元三年(1197)。作者借写元宵前预赏花灯的欢乐，进而抒发身世感慨。词的上片描写元宵前预赏花灯的盛况及作者的寥落之感；下片触景生情，追忆少年灯夜游乐之事，倍感今日之凄凉。以乐景反衬哀情，通过对比与反衬，更见其感情真挚动人。

剪红情，裁绿意，花信上钗股。

剪红、裁绿：古代风俗，立春这一天，人们用绢剪制红花绿叶，戴在头上，以应节令。

花信：花信风，随着花期到来的风。

残日东风，不放岁华去。

有人添烛西窗，不眠侵晓，笑声转、新年莺语。

侵晓：到天明。

旧尊俎。玉纤曾擘黄柑，柔香系幽素。

尊俎：古代盛酒肉的器皿。这里指代宴席。

玉纤：美女的手。这里指作者的心上人。

幽素：幽情素心。

归梦湖边，还迷镜中路。

镜中路：指思妇想象中的游子的归路。镜，代指思妇。

可怜千点吴霜，寒销不尽，又相对、落梅如雨。

吴霜：白发。

〔**大意**〕人们剪制红花绿叶戴在头上，好像春风吹开了满头花朵。夕阳在风中徘徊，似乎舍不得让旧的一年过去。夜色渐深，人们剪烛守岁，笑声迎来了新年的莺声。回想去年除夕守岁宴饮，她那纤纤玉手擘开黄柑，黄柑的柔香交织着两情相悦的温馨至今让人回味。梦中重回旧地，却迷失了回去的路。归梦成空，只好独自对着落梅悲叹岁月的流逝。

〔点评〕这是一首除夕之夜怀人的词。词的上片极力渲染别人除夕守岁的欢乐，下片追忆昔日的欢乐，用他人的欢乐反衬自己的哀愁，用往日的温馨对比现在的凄凉，更见作者此刻心境的悲苦。

澡兰香

淮安重午

吴文英

盘丝系腕，巧篆垂簪，玉隐绀纱睡觉。

盘丝系腕： 手腕上系着五色丝线。
巧篆垂簪： 发簪上插着精巧的首饰。
玉： 玉人，指作者的恋人。
绀(gàn)纱： 天青色的纱帐。

银瓶露井，彩箑云窗，往事少年依约。

银瓶： 指酒器。这里代指酒宴。
彩箑(shà)： 彩扇。这里代指歌舞。

为当时曾写榴裙，伤心红绡褪萼。

黍梦光阴，渐老汀洲烟蒻。

黍梦： 黄粱梦。指人生如梦，转眼即逝。
汀洲： 水边平地。
烟蒻(ruò)： 柔弱的香蒲。

莫唱江南古调，怨抑难招，楚江沉魄。

楚江沉魄： 指战国时屈原自沉汨罗江。

薰风燕乳，暗雨梅黄，午镜澡兰帘幕。

薰风： 夏天的风。
燕乳： 燕子生下小燕，指初夏时节。
午镜： 指水清如镜。
澡兰： 民间风俗，端午节用兰草烧水洗浴。

念秦楼也拟人归，应剪菖蒲自酌。

秦楼： 指女子居住的地方。

但怅望、一缕新蟾，随人天角。

新蟾： 新月。

〔**大意**〕 隐隐约约记得少年时与心上人一起度过端午节的情景：她的手腕上系着五彩丝带，发簪上插着精巧的首饰，在天青色的纱帐中午睡。花前树下，两人饮酒歌舞，更难忘自己在她美丽的石榴裙上写字题诗的风流韵事。如今又是端午节，时光飞逝，汀洲香蒲渐老，看着凋谢的石榴花，更加怀念心上人。不要再唱哀怨抑郁的招魂曲，自己的心上人也如沉入江底的屈原，无论怎样千呼万唤，也不会来到自己身边。暖风阵阵，梅雨阵阵，家家帘幕低垂，大约人们都在用兰汤沐浴。自己的心上人一定也在忧伤地饮着菖蒲酒，惆怅地望着天边的弯月，计算着游子的归期吧。

〔点评〕 这首词是写作者端午节时忆旧怀归之情。全词把相思怀人与端午的自然景观、人文风俗以及有关端午节的古老传说交织着写，给人以迷离凄艳的感觉。

禁烟湖上薄游，施中山赋词甚佳，余因次其韵。盖平时游舫，至午后则尽入里湖，抵暮始出，断桥小驻而归，非习于游者不知也。故中山极击节余“闲却半湖春色”之句，谓能道人之所未云。

禁苑东风外，飏暖丝晴絮，春思如织。

禁苑：皇宫园林。南宋的都城在临安，因此西湖一带被称为禁苑。

燕约莺期，恼芳情偏在，翠深红隙。

恼：惹起。

翠深红隙：花叶深处。

漠漠香尘隔。沸十里乱弦丛笛。

香尘：形容游人众多的景象。

看画船尽入西泠，闲却半湖春色。

西泠(líng)：桥名，在西湖。

柳陌。新烟凝碧。

映帘底宫眉，堤上游勒。

帘底宫眉：楼中的美人。

游勒：乘马的游人。

轻暝笼寒，怕梨云梦冷，杏香愁幂。

梨云：梨花。

愁幂：愁浓。

歌管酬寒食。奈蝶怨良宵岑寂。

酬：报答。

岑寂：静寂。

正满湖碎月摇花，怎生去得！

碎月摇花：湖水荡碎了月光，波光粼粼的样子。

〔大意〕 春风吹拂着西湖的柳絮，莺燕相邀相约着寻春。踏春的游人众多，笙歌箫鼓的声音震动远近。一只只的游船驶过西泠桥，闲静下来的外西湖独自展示着春的魅力。柳树成荫，轻轻的雾气萦绕着碧绿的杨柳，烟笼雾绕的碧柳映衬着楼中的佳人、堤上的游人。寒气上升，歌管声中送走了寒食节。白色如云的梨花、幽香四溢的杏花、白天飞绕花丛的蝴蝶对变得冷清的夜色满含怨愁。那满湖湖水荡碎了月光，波光粼粼的湖水却让人难以离去。

〔点评〕 这首词写寒食节西湖游春的盛景。据记载，西湖游春的次序是先南后北，到中午，所有游船都驶入西泠桥里湖，而外湖差不多一只船也没有。“闲却半湖春色”极其传神地描绘了这一实景，展现出作者敏锐独到的艺术观察力和高超的艺术表现力。全词意境清丽，语言工炼。

多情自古伤离别

——羁旅离愁篇

描写天涯游子漂泊流离思念家乡思念亲人的作品，早在《诗经》中就已经相当普遍，此后汉乐府、古诗十九首中也有大量成功的作品。宋词中的羁旅离愁之作如柳永《八声甘州》(对潇潇暮雨洒江天)、《雨霖铃》(寒蝉凄切)等，都是流传千古的名篇。

羁旅离愁之作，大都选择一系列典型意象来营造意境。就节令而言，以选择秋冬居多，这是因为中国人有一年一度回家过年的习惯，秋至冬来，就容易引发人们对家乡的思念。就景观而言，馆驿、长亭、关河、溪桥容易引发人们感叹旅途奔波的辛劳，梅花、柳条最容易让人回想起离别的场面，当然，一个凭栏凝望的女主人公形象也常常隐约其间。

羁旅离愁之作有着独特的社会文化背景。中国是一个传统的农业国，土地是人们财产的根本。人之所以不能摆脱对故乡、对家族的依恋，说到底，是不能摆脱对经济来源的依靠。男子汉走四方，留下思妇独守空房，是中国古代家庭一种普遍的模式。中国古代文人少年求学，要读万卷书，行万里路。一旦入仕，原则上又要回避原籍。所以，“少小离家老大回”是文人们普遍的悲哀。在这种情况下，游子思乡怀人的羁旅离愁很自然地成为中国古典文学一个永恒的主题。

塞下秋来风景异，衡阳雁去无留意。

衡阳雁：南飞的大雁。衡阳有回雁峰，相传大雁南飞，不过此峰。

四面边声连角起。

角：军中的号角。

千嶂里，长烟落日孤城闭。

嶂：形如屏障的山峰。

浊酒一杯家万里，燕然未勒归无计。

燕然：山名，即今杭爱山，在内蒙古境内。东汉窦宪大破匈奴，在此山刻石记功。

羌管悠悠霜满地。

羌管：羌笛。

人不寐，将军白发征夫泪。

〔大意〕边塞的秋色风景奇异，大雁南飞一点也没有眷恋之意。四面响起边塞的号角声，只见重峦叠嶂，长烟落日，孤城紧闭。举起一杯浊酒，遥望家乡远在万里之外，功业未立无法归去。笛声悠悠，寒霜满地。在这样的夜晚人人都难以入睡，月光映照着将军的两鬓白发和士兵流不尽的眼泪。

〔点评〕范仲淹曾在陕西守边多年，这首词就写他本人边塞经历的直接感受。词的上片写边塞风光，下片写军人思念家乡的情景。在宋词中，这是较早反映边塞军旅生涯的作品，其风格慷慨苍凉，在宋初词坛上可谓独树一帜。

碧云天，黄叶地，

秋色连波，波上寒烟翠。

山映斜阳天接水，

芳草无情，更在斜阳外。

黯乡魂，追旅思，

黯：黯然，愁苦的样子。
旅思：客居他乡的愁思。

夜夜除非，好梦留人睡。

明月楼高休独倚，

酒入愁肠，化作相思泪。

〔**大意**〕黄叶洒落一地，天蓝蓝，水蓝蓝，水天一色，烟气弥漫。无边的芳草延伸到天的尽头，无情地逗惹着人的乡愁。因思念故乡而使人心神黯然，彻夜难眠。明月早已升起，不要再倚靠在高楼上凝目遥望。本想借杯中的酒消解乡愁，而酒入愁肠却又化作了思乡的泪水。

〔点评〕这是一首抒写思乡之情的作品。它与其他怀乡词不同的地方是，一般的怀乡词往往用萧瑟的秋景来表达作者的愁思，这首词却以高远阔大的秋色来烘托无边的乡愁，虽有不尽柔情却毫不委靡，所以前人评价这首词是“正气塞天地”。

八声甘州

柳永

对潇潇暮雨洒江天，一番洗清秋。

渐霜风凄紧，关河冷落，残照当楼。

是处红衰翠减，苒苒物华休。

是处：到处，处处。
苒苒：冉冉，渐渐。
物华：景物风光。

惟有长江水，无语东流。

不忍登高临远，望故乡渺邈，归思难收。

渺邈：渺茫，遥远。

叹年来踪迹，何事苦淹留？

想佳人妆楼颙望，误几回天际识归舟。

颙(yóng)望：仰望，抬头凝望。

争知我，倚阑干处，正恁凝愁。

争知：怎知。
恁：这样，如此。

〔**大意**〕眼看着潇潇的暮雨洒向江面，一番清洗洗出了清新凉爽的新秋。慢慢地，秋风一阵比一阵凄厉，关山与河流一天比一天凄冷，落日的余光正照在楼头。举目四望，花落叶黄，美好的景物正在慢慢凋零。只有那滔滔不尽的长江水，还在默默地向东奔流。不忍心登高望远，故乡远在天涯，归乡的情思难以遏制。可叹这些年来行踪不定，何苦在他乡久久停留？想必家乡的亲人在妆楼上翘首企盼，多少次误认了天际的归舟。她怎么知道，此时此刻我也正倚着栏杆，满腹离愁。

〔**点评**〕这首词写羁旅离愁。词的上片写游子登楼所见，以秋景的萧瑟表明人的伤悲；下片写游子望中所想，抒发其归思之切。前人对这首词评价甚高，苏轼认为“霜风凄紧，关河冷落，残照当楼”三句，“不减唐人高处”。

雨霖铃

柳永

寒蝉凄切，对长亭晚，骤雨初歇。

长亭：古时驿路上十里置一长亭，供人休息或饯别。

骤雨：急雨。

都门帐饮无绪，方留恋处、兰舟催发。

都门帐饮：在京城门外设帷帐置酒送行。

无绪：情绪低落。

执手相看泪眼，竟无语凝噎。

凝噎(yē)：喉咙哽咽，想说话又说不出的样子。

念去去千里烟波，暮霭沉沉楚天阔。

去去：去了又去，即远去。

暮霭沉沉：晚间云气浓厚的样子。

多情自古伤离别，更那堪冷落清秋节！

今宵酒醒何处？杨柳岸、晓风残月。

此去经年，应是良辰好景虚设。

经年：一年又一年。

便纵有千种风情，更与何人说？

风情：情意。

〔**大意**〕清秋的傍晚，急雨刚刚停下，寒蝉的鸣叫又带来几分凄凉。设帐饯行了无情绪，心中不忍分别，远行的船在催促着行人赶快离开。难以说出心中的千言万语，只有手拉着手，流着伤心的眼泪。想象着船儿就要载着人驶向烟波千里的南方，那里暮云沉沉、天地宽阔。自古以来多情的人都为离别伤悲，更何况是在冷落萧瑟的秋季分离。当酒醒梦回时，伊人早已不在身边，只有两岸的疏柳、天边的残月和拂晓的寒风伴着孤独的我。从此以后，一年又一年的良辰好景也只会徒然增加人的惆怅。心里即使有千般柔情、万种蜜意，又能向谁诉说？

〔**点评**〕王灼《碧鸡漫志》指出，“雨霖铃”的曲调极其哀怨。柳永的这首词写得婉转凄恻，充分体现了哀怨的特点。在寒蝉凄切、骤雨初歇的氛围中话别，倍感别离的苦楚与辛酸，更添临行时的依恋与不舍；在杨柳岸晓风残月的环境中酒醒，倍感独处的凄凉与冷落，更添别后的思念与惆怅。这首词通过环境的渲染，衬托出词人心中浓郁的伤别情怀，堪称是写离情别绪的千古绝唱。

候馆梅残，溪桥柳细，草薰风暖摇征辔。

候馆：旅舍。
草薰：青草散发出的香味。
辔：马缰绳。

离愁渐远渐无穷，迢迢不断如春水。

寸寸柔肠，盈盈粉泪，楼高莫近危阑倚。

危阑：高楼上的栏杆。

平芜尽处是春山，行人更在春山外。

平芜：平坦的草地。

〔大意〕旅舍前的梅花已经凋零，溪桥边的柳条柔嫩纤细，春草散发出香味，春风送来暖意，游子骑着马启程。离家越远，离愁越浓，愁绪绵绵不绝像那溪中脉脉的春水。柔肠寸断，粉泪盈盈，但愿她不要登上高楼独倚危阑：原野的尽头是座座春山，行人还远在那春山之外。

〔点评〕这首词写羁旅离愁。词的上片写游子途中所见，下片写游子心中所感。全词借春光引发离愁，春光越是美好，越能勾起良辰美景不能共有、共享的惆怅。词中描摹春光细腻感人：梅残、柳细、草薰、风暖，春意盎然。上片以春水之喻作结，有迢迢不断的柔情蜜意；下片以春山的形象作结，有无穷无尽的韵味。

雾失楼台，月迷津渡，桃源望断无寻处。

津渡：渡口。

桃源：指陶渊明《桃花源记》中所描绘的世外桃源，在今湖南常德。

可堪孤馆闭春寒，杜鹃声里斜阳暮。

驿寄梅花，鱼传尺素，砌成此恨无重数。

寄梅：用南朝宋人陆凯寄梅花给友人范晔的典故。

尺素：指书信。

无重数：即无数重。

郴江幸自绕郴山，为谁流下潇湘去？

郴江、郴山：在今湖南。

幸自：本自。

潇湘：水名，在湖南永州市境。

〔大意〕雾气重重遮住了楼台，月色迷蒙认不清渡口，极目远眺，桃花源无处可寻。更不能忍受在春寒中紧闭馆门，日暮时分又传来杜鹃的哀鸣。友人寄来问候的书信，更增添了心中无穷的愁苦。郴江本来是环绕郴山的，为什么要独自流到潇湘去呢？

〔点评〕这首词作于作者被贬郴州后，词写贬谪的悲苦，体现了作者失意、绝望的心境。“郴江幸自绕郴山，为谁流下潇湘去”，意蕴丰富，相传苏轼深为赞赏此二句，并将其书于自己的扇头。

山抹微云，天连衰草，画角声断谯门。

画角：古代军中号角。

谯(qiáo)门：城门楼。

暂停征棹，聊共引离尊。

征棹(zhào)：指航船。

引离尊：指饯行时举杯饮酒。引，持。尊，同“樽”，酒杯。

多少蓬莱旧事，空回首，烟霭纷纷。

蓬莱：阁名，旧址在今绍兴卧龙山。

斜阳外，寒鸦万点，流水绕孤村。

销魂，当此际，香囊暗解，罗带轻分。

销魂：指伤神。

谩赢得青楼，薄幸名存。

青楼：歌楼妓院。两句用杜牧《遣怀》诗中“赢得青楼薄幸名”诗意。

此去何时见也？襟袖上，空惹啼痕。

伤情处，高城望断，灯火已黄昏。

〔大意〕 山头上像是涂抹了一层淡淡的云彩，一望无际的枯草似乎和远天连在一起，画角的呜咽声从远处城门传来。暂且停下航船，一起举杯共饮。回首此间多少旧事，恍然如梦。斜阳下万点寒鸦归来，流水环绕着孤村。此时黯然神伤，私下解下香囊相赠，轻轻解开罗带送别。多年来，空自在青楼歌女间留下一个薄情的名声。此时一别何时才能再见?衣袖上白白地洒满泪痕。最伤心的是，回头看高城，它已笼罩在黄昏的灯火之中。

〔点评〕 这首词描写离别的场面。作者善于用铺叙的手法，加之以景物、环境的渲染衬托，细腻真切地刻画了人物的内心活动。“斜阳外，寒鸦万点，流水绕孤村”，素来为人们广为传诵，虽是化用隋炀帝诗“寒鸦千万点，流水绕孤村”，但自然浑成，自成妙境。全词音美、调美、境美，让人心驰神往。陈廷焯《词则》称之“诗情画景，情词双绝”。

燎沉香，消溽暑。

燎： 烧。
沉香： 一种香气很浓的香料。
溽(rù)： 潮湿。

鸟雀呼晴，侵晓窥檐语。

侵晓： 破晓。

叶上初阳干宿雨，水面清圆，一一风荷举。

干宿雨： 晒干昨日的雨。
风荷： 风中之荷。

故乡遥，何日去？

家住吴门，久作长安旅。

吴门： 苏州。此指作者的家乡钱塘。
长安： 代指汴京。

五月渔郎相忆否？小楫轻舟，梦入芙蓉浦。

楫： 船桨。

〔大意〕 点燃沉香，驱除潮湿的暑气。天色将晓，鸟儿在檐边探头探脑，不时鸣叫。早晨的阳光照在荷叶上，昨天的雨珠很快被晒干了。清风吹过水面，圆圆的荷叶一张一张挺举起来。故乡遥遥，何时才能归去？老家在钱塘，自己久久羁旅汴京。家乡的渔郎，你可还记得我？在这荷花盛开的五月，我梦见乘坐你的小船穿行在荷花塘中。

〔点评〕 这首词通过咏荷写乡思。作者由客居汴京所见的几朵荷花写起，回忆故乡河塘中成片盛开的荷花，通过描写荷花，将客居生活与思乡的情怀融合在一起。“一一风荷举”，着一“举”字，风神无限，王国维称之“此真能得荷之神理者”。词中咏物精妙，充满诗情画意。

寒水依痕，春意渐回，沙际烟阔。

溪梅晴照生香，冷蕊数枝竞发。

天涯旧恨，试看几许消魂？长亭门外山重叠。

长亭：古代驿路上十里一长亭，供人休息或饯别。这里指旅途中经过的地方。

不尽眼中青，是愁来时节。

情切。画楼深闭，想见东风，暗消肌雪。

孤负枕前云雨，尊前花月。

孤负：辜负。

尊：同“樽”，酒杯。

心期切处，更有多少凄凉，殷勤留与归时说。

心期：这里指两情相互期盼。

到得再相逢，恰经年离别。

经年：整整一年。

〔大意〕 寒水依然停留在水痕线的下方，沙滩无边，烟波浩渺，预示着春光将回。阳光下，溪边的寒梅散发出芳香，绽开了花蕊。天涯游子满怀流落之恨，看到这些该是多么断肠销魂。长亭遥望，那重叠不尽的青山正如我此刻愁肠百结。此情凄切，想那画楼深处，春风拂过，伊人又消瘦了。辜负了巫山云雨，冷落了樽前花月。两心的期盼留下了多少凄凉，也只有等待回来时再说。就算是能够再逢，也经受了整整一年的离别。

〔点评〕 这是一首游子思家的作品。词的上片写景，从春意将回勾引出春思春怨，重在写景，而情在景中；下片怀人，由“画楼”引出思妇，背面傅粉，尤见曲折。《蓼园词选》认为这首词有比兴寄托：“仲宗于绍兴中坐送胡铨及李纲词除名。起三句是望天意之回。‘寒枝竞发’，是望谪者复用也。‘天涯旧恨’至‘时节’，是目断中原又恐不明也。‘想见东风，暗消肌雪’，是远念同心者应亦瘦损也。‘孤负枕前云雨’，是借夫妇以喻朋友也。因送友而除名，不得已而托于思家，意亦苦矣。”这也可备一说。

鹧鸪天

化度寺作

吴文英

池上红衣伴倚栏，栖鸦常带夕阳还。

红衣：红莲花。

殷云度雨疏桐落，明月生凉宝扇闲。

殷云：浓云。

乡梦窄，水天宽。小窗愁黛淡秋山。

乡梦窄：思乡的梦短暂。

吴鸿好为传归信，杨柳阊门屋数间。

吴鸿：从家乡吴地飞来的鸿雁。
阊门：地名，在苏州西门。

〔大意〕独自靠着栏杆，看着池中的红莲，归巢的乌鸦带着夕阳归来。浓云飘过，带来一阵暮雨，吹打下片片梧桐叶。明月渐渐升起，增添了几许寒意，宝扇也闲置不用了。回乡的路那样阔远，思乡的梦这样短暂，暗绿的山似乎也在替人发愁。家乡来的鸿雁，请为我带去归信，带到苏州西门那柳枝低拂的小屋中。

〔点评〕化度寺在杭州西部江涨桥附近。这首词是作者客居外地怀念家乡亲人而作。词的上片写景，下片抒情，最后一句“杨柳阊门屋数间”点明所怀之地和所怀之人，但又不说破，有无限深远的情味。

何处合成愁？离人心上秋。

纵芭蕉不雨也飕飕。

都道晚凉天气好，有明月，怕登楼。

年事梦中休，花空烟水流。

年事：往年的情事。
花空：花已落尽。

燕辞归，客尚淹留。

客：作者自称。
淹留：久留。

垂柳不萦裙带住，谩长是，系行舟。

萦：缠绕。
裙带：代指女性。

〔大意〕何处合成愁？“愁”代表离别人心上的秋天。纵使不下雨，芭蕉的飕飕作响也引人愁思。都说晚凉天气好，明月朗照，人也害怕登楼望月怀乡。往年的情事在梦中消逝，犹如花落水流一般。伊人南归，自己仍久留他乡。垂柳呀，你不系住她的裙带留下她，为什么系住我的行舟不让我走？

〔点评〕这首词写离愁，抒发作者的羁旅怀人之情。词的上片写秋思之愁，下片写客中之叹，作者忽发奇想，把一切归咎于眼前的垂柳，责怪它不系住伊人的裙带，却去系客子的行舟。全词通俗明快，张炎的《词源》对吴文英评价不高，却称许这首词“疏快”。

一向年光有限身

——人生哲理篇

人们往往说：唐诗重情性，宋诗重理趣。其实，宋人注重理性思维，尤其注重对人生意义、人生哲理的思考，并不仅仅表现在诗歌方面，宋词也同样富于理趣。同时，人们讨论宋词的理性化，往往将目光集中到苏轼、辛弃疾身上，所谓苏轼以诗为词，辛弃疾以文为词，似乎宋词从苏辛开始才走上理性化的道路。实际情况并非如此，被视为花间正宗的晏欧小令，就颇多含蕴深厚的人生思考，已经与晚唐、花间大异其趣。如“一向年光有限身”“长于春梦几多时，散似秋云无觅处”“无可奈何花落去，似曾相识燕归来”等等，都以其深刻的理趣脍炙人口。

不过话说回来，推动宋词走上议论化、散文化道路的确实是苏轼和辛弃疾。苏轼的《定风波》(莫听穿林打叶声)，在人生的风雨面前潇洒吟啸，“一蓑烟雨任平生”。辛弃疾的《沁园春》(杯汝来前)，嬉笑怒骂，诙谐幽默，“怨无大小，生于所爱；物无美恶，过则为灾”，置于哲学论文中亦难以辨识。正是有了苏辛，宋词对人生价值、人生意义的思考才更加纵横恣肆，更加趣味横生。

有人说宋诗不懂形象思维，读来味同嚼蜡。读读下面的宋词你就会知道，理性的思考同样富有审美的韵味。

清平乐

晏殊

春花秋草，只是催人老。

总把千山眉黛扫，未抵别愁多少。

千山眉黛：满山的翠绿。这里语意双关，暗指青春韶华。

劝君绿酒金杯，莫嫌丝管声催。

兔走乌飞不住，人生几度三台。

兔走乌飞：指时光飞逝。兔，传说月中有玉兔捣药，因用以指月亮。乌，传说日中有三足金乌，因用以指太阳。

三台：唐宋燕乐中的催酒曲。

〔大意〕春花开了又谢，秋草绿了又黄，时光催得人一天天衰老。就算春风秋雨横扫了千山的翠绿，也消除不了离愁别恨。劝君痛饮杯中的美酒，不要嫌乐曲声催人太紧。时光飞逝如梭，人生能有几曲催酒的《三台》？

〔点评〕这是一首感叹人生短暂的作品。词的上片写时光飞逝的迅速，下片写人生欢乐的有限。春花秋草催人老，兔走乌飞留不住，重要的是抓住眼前的欢愉，不要让宝贵的人生白白虚度。

一向年光有限身，等闲离别易销魂。

一向： 同“一晌”，一会儿。

等闲： 轻易，寻常。

酒筵歌席莫辞频。

满目山河空念远，落花风雨更伤春。

不如怜取眼前人。

“不如”句： 用元稹《会真记》中崔莺莺诗：“还将旧来意，怜取眼前人。”怜取，爱怜。

〔大意〕片刻的时光，有限的生命，寻常的离别也容易让人断肠销魂。酒筵歌席再多，也不要嫌它频繁。遥望满眼河山，徒然怀念远方，再加上风风雨雨和遍地落花，更让人伤感春光的易逝。不如尽情享受眼前的歌舞，怜惜眼前的人儿。

〔点评〕这是一首感慨人生短暂，主张珍惜每时每刻、及时行乐的作品。词的上片从虚处落笔，“一向年光有限身”，看透了人生的转瞬即逝；下片由眼前“满目山河”“落花风雨”着眼，进一步补足“有限”二字，将春光短暂的感慨升华为年光的无情。末句“不如怜取眼前人”，上承“酒筵歌席莫辞频”，将满腹惆怅轻轻抛弃，尽情享受春光，享受青春，享受生活，享受生命。人们往往指责这种生活态度的颓废倾向，却忽略了其中所蕴涵的超脱与旷达。

一曲新词酒一杯，去年天气旧亭台。

夕阳西下几时回？

无可奈何花落去，似曾相识燕归来。

小园香径独徘徊。

香径：花间小路。

〔大意〕 一曲新词，一杯美酒，天气还是与去年一样，亭台还是去年的亭台。夕阳西下，何时再能回来？花开花落，让人无可奈何；燕去燕来，似曾相识。花间小路上，只有我孤零零地往来徘徊。

〔点评〕 这首词的主题，历来有伤春、怀人两种说法。伤春，重在“几时回”，感慨于年华流逝；怀人，重在“独徘徊”，感慨于物是人非。“无可奈何花落去，似曾相识燕归来”，写春光流逝、物是人非的沧桑之感，充满对美好事物的眷恋，将伤春怀人的个人感受，升华为对宇宙、自然、社会、人生哲理的思考。含蕴深厚，耐人寻味。

池塘水绿风微暖，记得玉真初见面。

玉真：传说中的仙子。这里指作者的心上人。

重头歌韵响琤琮，入破舞腰红乱旋。

重头：前后两阕结构相同的乐曲。
琤琮(chēngcōng)：玉器敲击的声响。
入破：唐宋大曲中位于后部的舞曲。

玉钩阑下香阶畔，醉后不知斜日晚。

玉钩：玉制的帘钩。

当时共我赏花人，点检如今无一半。

点检：清点。

〔大意〕 池塘微微泛绿，春风轻轻送暖，我和伊人初次见面。她的歌声清脆悦耳，她的舞姿如红云飞旋。雕栏下，香阶畔，酒醉不觉天日已晚。当时同我赏花的人儿，如今剩下的还不到一半。

〔点评〕 这首词由怀人而痛惜年光流逝。词的上片回忆昔日的游乐：水绿风暖，美人相伴，歌韵琤琮，舞腰乱旋，好一派狂欢的景象；下片写此刻的感伤：昔日在筵席上醉歌狂舞的人儿，居然已经香消玉殒，去掉大半，真有人生如梦、沧海桑田之感。而这天翻地覆的变化，就发生在一醉之后。这里的“醉后”，当然不仅仅指一夕酒醉，而应该包含了作者半生沉浮的人生经历；这里的“斜日晚”，当然也暗示了岁月的迟暮。

燕鸿过后莺归去，细算浮生千万绪。

长于春梦几多时，散似秋云无觅处。

“长于”两句： 化用白居易《花非花》“来如春梦几多时，去似朝云无觅处”诗句。

闻琴解佩神仙侣，挽断罗衣留不住。

闻琴： 汉代卓文君听琴而私奔司马相如。

解佩： 《列仙传》记载江妃二女曾解佩以赠郑交甫。

劝君莫作独醒人，烂醉花间应有数。

数： 定数。

〔大意〕 燕来雁去，黄莺啼过，春光又要归去。细细品味，尘世浮沉，心中思绪万千。百年光阴，能比春梦长多少？人生聚散好似秋云，随风飘散无处寻觅。琴心暗许，汉皋解佩，本是神仙伴侣。挽断罗衣，也留不住伊人的踪迹。劝君不要独自保持清醒，还是听从命运的安排，在花间痛饮美酒、烂醉如泥吧。

〔点评〕 这首词感叹青春易逝、人生无常。词的上片表述对青春、爱情的留恋，下片叹息人生苦短，主张及时行乐。“长于春梦几多时，散似秋云无觅处”，思考人生的长短聚散，貌似虚无，实际上充满了对青春、生命的热爱。

时光只解催人老，不信多情，长恨离亭。

离亭：古代驿路上供行人休息的亭子，因为送别的地点往往选择在此，所以又称离亭。

泪滴春衫酒易醒。

梧桐昨夜西风急，淡月胧明，好梦频惊。

何处高楼雁一声？

〔大意〕时光只知道催人老去，却不知道多情的人抱恨长亭，春衫易湿，酒醉易醒。昨夜西风吹打梧桐，月色朦胧，我的好梦不时被惊醒，不知从何处高楼里传来了一声孤雁的哀鸣。

〔点评〕这首词感叹人生苦短、聚散无常。词的上片泛写离愁别恨，下片具体描绘月夜惊梦的场面。“时光只解催人老”，一个“催”字，带出宇宙无穷、人生有限的思考。上片的离恨，选择在春衫春酒的春季，象征着美丽的青春年华也无情地逝去；下片的惊梦选择在秋风萧瑟的月夜，象征着人生的迟暮即将来临。云外一声孤雁的哀鸣，更将全词的境界渲染得一片凄清、一派悲凉。个人的离情别恨，由此升华为无尽的人生感慨。

满江红

张昇

无利无名，无荣无辱，无烦无恼。

夜灯前，独歌独酌，独吟独笑。

况值群山初雪满，又兼明月交光好。

便假饶百岁拟如何？从他老。

从：追随。

知富贵，谁能保？知功业，何时了？

算箪瓢金玉，所争多少？

箪瓢：箪食瓢饮，指简陋的生活。箪，竹篮。
争：相差。

一瞬光阴何足道，但思行乐常不早。

待春来携酒殢东风，眠芳草。

殢(tì)：留恋，不肯分离。

〔大意〕没有名利，没有荣辱，也没有烦恼。夜来灯下，自斟自饮，自歌自唱，自吟自笑。此时群山积雪，一片银白，月光的清辉与之交相映照。假如增加你百年寿命，你打算如何度过？答案是：追随这自由自在，一直到老。谁敢说荣华富贵终身可保？谁知道功名事业何时了结？一箪食一瓢饮，与金玉满堂又差得了多少？一转瞬的光阴微不足道，人生要及早行乐。等到春光来临，携酒出游，流连春风，醉眠芳草。

〔点评〕 这是一首思考人生价值与意义的作品。词的上片描写一种无名无利、无忧无虑的精神境界，下片反思人世的得失荣辱。词末选择了及时行乐的生活道路，“殢东风，眠芳草”，是真正享受生命的自由。

定风波

苏轼

三月七日沙湖道中遇雨，雨具先去，同行皆狼狈，余独不觉。已而遂晴，故作此词。

莫听穿林打叶声，何妨吟啸且徐行。

吟啸：魏晋士人喜撮口长啸，以示洒脱不羁。

竹杖芒鞋轻胜马，谁怕？一蓑烟雨任平生。

芒鞋：草鞋。

料峭春风吹酒醒，微冷，山头斜照却相迎。

料峭：形容微寒。

回首向来萧洒处，归去，也无风雨也无晴。

向来：刚才。
萧洒：指风雨。

〔大意〕不要管滴滴答答击打树叶的雨声，何妨长啸着缓缓而行。手拄竹杖，脚穿草鞋，一身轻松，胜过骑马，心中不会害怕，在烟雨中潇洒前行。早春的寒风将酒意吹醒，让人微微感到有几分寒冷，山头的斜阳又照在人身上。回头再看刚才风雨飘洒的地方已风定雨停，没有风雨也没有阳光。

〔点评〕 这是元丰年间苏轼贬谪黄州（今湖北黄冈）期间的词作。词写一场途中遇雨的经历，上片写遇雨，下片写雨后天晴。不过，作者此时已遭受官场挫折，对社会人生有所领悟，他笔下的烟雨既是自然界的风雨，同时也暗指人世间的风雨。所以，“一蓑烟雨任平生”，就传达出了作者面对挫折打击时坦然乐观的生活态度。同样，雨既不怕，晴亦不喜，“也无风雨也无晴”所传达的，就是作者对得失、荣辱、穷通一视同仁的旷达与超脱。词写平常的生活经历，却充满着人生哲理。

满庭芳

苏轼

蜗角虚名，蝇头微利，算来着甚干忙?

蜗角：蜗牛的角。比喻微不足道的虚名。

事皆前定，谁弱又谁强。

且趁闲身未老，须放我，此子疏狂。

些子：一点点。

百年里，浑教是醉，三万六千场。

思量，能几许? 忧愁风雨，一半相妨。

又何须抵死，说短论长。

幸对清风皓月，苔茵展，云幕高张。

江南好，千钟美酒，一曲《满庭芳》。

〔大意〕蜗牛触角一样微不足道的虚名，苍蝇脑袋一样的小利，有什么值得如此干忙？世间的得失都有定数，何必去计较谁弱谁强。趁眼前人还未老且又清闲时，放纵一下自己的疏狂。人生百年，姑且醉他个三万六千场。仔细想一想，一生能有多少岁月？更何况风风雨雨，又去掉了一半时光。既然如此，又何必拘泥执著，说短道长。幸好还有清风明月为伴，在绿草地上铺开盛筵帷帐。如诗如画的江南，有千钟美酒，姑且高歌一曲《满庭芳》。

〔点评〕这首词的上片愤世嫉俗，下片归结于及时行乐，是一首表现作者生活态度的说理之词。苏轼一生仕途蹭蹬，屡遭贬谪，这首词应该是他贬谪期间的作品。“蜗角虚名，蝇头微利”，否定了世间争名逐利之举。人生的穷通得失既然不值得计较，剩下的就只能是享受生命的欢乐，贬谪的痛苦也由此消解在旷达之中。

浣溪沙

苏轼

元丰七年十二月二十四日从泗州刘倩叔游南山。

细雨斜风作小寒，淡烟疏柳媚晴滩。

入淮清洛渐漫漫。

“入淮”句：指洛水在泗州注入淮河。

雪沫乳花浮午盏，蓼茸蒿笋试春盘。

雪沫乳花：茶水面上浮起的细沫。
蓼茸：蓼草的嫩芽。

人间有味是清欢。

清欢：平淡生活的乐趣。

〔大意〕 斜风细雨带来一场轻寒，淡烟疏柳装点着雨后初晴的沙滩。清清的洛水汇入淮河，不多久水面开始上涨。午后一杯清茶，乳白的泡沫浮上杯盏，嫩嫩的蓼茸蒿笋正好装上春盘。只要善于体味，你就会发现平淡生活的乐趣。

〔点评〕 这是作者元丰七年(1084)自黄州(今湖北黄冈)量移汝州(今属河南)之后的一首词作，词写冬去春来之际的喜悦心情。词的上片写雨后初晴的景象，下片写作者的心境。虽然只是一盏午茶、一盘春菜，但“人间有味是清欢”，生活的乐趣需要人们自己去发现、去品味。

世事一场大梦，人生几度秋凉。

夜来风叶已鸣廊，看取眉头鬓上。

风叶：秋风落叶。

酒贱常愁客少，月明多被云妨。

中秋谁与共孤光？把盏凄然北望。

孤光：远远临照的月光。

〔**大意**〕世事犹如一场大梦，人生能有几个凉爽的秋天？夜来风吹叶落击打着房廊，一梦醒来，眉头鬓角已布满秋霜。酒价便宜只愁来客稀少，月色皎洁可惜被云遮挡。中秋之夜，谁与我共赏清光？手举酒杯凄然地眺望北方。

〔点评〕这是一首中秋月夜感怀之作。据《苕溪渔隐丛话》记载，这首词是元丰年间作者贬官黄州（今湖北黄冈）时所作。词的上片感叹世事如梦、人生短促，下片则感慨浮云蔽月、知音难求。词末“凄然北望”，是思念亲人还是眷恋朝廷，前人有不同的理解。作品将节令的秋意与人生的迟暮之感结合在一起，将悲秋的伤感升华为人生苦短的感慨，耐人咀嚼，富于理趣。

座中有眉山隐客史应之和前韵，即席答之。

黄菊枝头生晓寒，人生莫放酒杯干。

风前横笛斜吹雨，醉里簪花倒著冠。

簪花：戴花。

身健在，且加餐。舞裙歌板尽清欢。

歌板：唱歌时击打节拍的拍板。

清欢：高雅的乐趣。

黄花白发相牵挽，付与时人冷眼看。

〔大意〕黄菊挂在枝头，显出稍许寒意；人生追求适意，莫让酒杯空干。风前雨里斜吹横笛，醉插菊花，倒戴头冠。如今身体健康，权且努力加餐。舞裙歌板，尽享今日欢乐。黄花戴在白发上，任凭那些闲人冷眼旁观。

〔点评〕这是作者贬谪戎州(今四川宜宾)期间的一首作品。秋光意味着年华的流逝、生命的凋零，人们往往由此兴起人生短暂的感伤。作者却反其道而行之：正是由于生命的短暂，才需要抓紧时间，“加餐”“尽欢”。一句话，趁此身健在，尽情享受生命的欢悦，至于旁人的冷眼，又何必放在心上。《蓼园词选》评价这首词：“有傲兀不平气在。末二句尤有牢骚，然自清迥独出，骨力不凡。”

三十年来无孔窍，几回得眼还迷照。

无孔窍：指不开窍。

一见桃花参学了。

参学：参悟。
了：完成，结束。

呈法要，无弦琴上单于调。

法要：佛法的要旨。
无弦琴：晋代陶潜不解音律，酒酣之际，每每抚弄无弦琴以寄其意。
单于调：这里泛指乐曲。

摘叶寻枝虚半老，看花特地重年少。

今后水云人欲晓。

水云：这里泛指世间万物。

非玄妙，灵云合被桃花笑。

灵云：指南岳临济宗高僧福州灵云志勤，他见桃花而悟道。

〔大意〕三十年来头脑没有开窍，多少回功亏一篑，将要开眼又迷照。一见桃花，半生苦参终于顿悟。桃花呈现了佛法的要旨，无弦琴上流荡着无穷无尽的美妙乐调。寻枝摘叶，虚度半生。拈花悟道，莫轻易虚度年少时光。水流云在，无不是道。没有什么玄妙，灵云真该被桃花嘲笑。

〔点评〕这是一首参悟禅理的作品，记灵云志勤见桃花而悟道的佚事。词的上片写灵云悟道的过程，从三十年无孔窍到一见桃花参学了，这是一个典型的顿悟过程；下片则阐明法要：水流云在，无不是道，不要寻枝摘叶，误了青春年少。

瑶草一何碧，春入武陵溪。

瑶草：仙草。

武陵溪：在今湖南常德。这里泛指仙境。

溪上桃花无数，枝上有黄鹂。

我欲穿花寻路，直入白云深处，浩气展虹霓。

浩气：至大至刚的正气。

只恐花深里，红露湿人衣。

“红露”句：化用王维《山中》“山路元无雨，空翠湿人衣”的诗意。

坐玉石，倚玉枕，拂金徽。

金徽：黄金制成的琴徽。这里指琴。

谪仙何处？无人伴我白螺杯。

谪仙：指唐代诗人李白。

我为灵芝仙草，不为朱唇丹脸，长啸亦何为？

朱唇丹脸：指桃花。

长啸：撮口成声，一般用以表达激越的感情。

醉舞下山去，明月逐人归。

“明月”句：化用李白《下终南山过斛斯山人宿置酒》诗中“山月随人归”之句。

〔**大意**〕仙草是那样翠绿，春光再次来到了武陵溪。溪上桃花灿烂，无边无际，枝上有黄鹂啼鸣。我只想穿过花丛，寻找桃花源的旧路，进入那白云深处，让我的浩然正气直冲云天。又担心桃花丛里，红色花瓣上的露珠会打湿衣服。坐在玉石上，斜靠着玉枕，抚弄着瑶琴。谪仙太白不知在什么地方，没有人伴我共醉。我追寻的是那幽姿高洁的灵芝仙草，不是这妖艳的桃花，用不着长啸悲哀。带着醉意翩然而去，多情的山月随我归来。

〔**点评**〕这是一首记游之作。词的上片写作者穿花寻路的溪上之游，下片写其醉舞而归。不过，作者笔下的山溪不是普通的山间小溪，而是通往桃花源的武陵溪。于是普通的山水披上了奇光异彩，在作者的彩笔下化作了仙境，全词也由记游一变而成为游仙。在古人的语境中，“游仙”也就是对理想的追求，高洁的仙境反衬出俗世的黑暗污浊。这首词创作于作者晚年贬谪西南时，官场的挫折打击没有磨灭作者生活的勇气，“醉舞下山去，明月逐人归”，体现了作者生活态度的超脱旷达。

在戎州登临胜景，未尝不歌渔父家风，以谢江山。门生请问：先生家风如何？为拟金华道人作此章。

一波才动万波随，蓑笠一钩丝。

锦鳞正在深处，千尺也须垂。

锦鳞：指鱼。

吞又吐，信还疑，上钩迟。

水寒江静，满目青山，载月明归。

〔大意〕 渔翁往碧水中投入了一枚钩丝，碧波荡漾，泛起层层微波。鱼儿潜藏在水底深处，长长的丝线正缓缓下垂。欲吞还吐，将信将疑，鱼儿迟迟不上钩。江天寂静，夜色清寒，满眼青山，渔船载着一船月光归来。

〔点评〕 这是作者自述其“渔父家风”的一首作品。相传张志和垂钓从不设饵，乘兴而来，兴尽而归。垂钓而志不在鱼，显示的是一种超越功利、追求自在的精神境界，这就是“渔父家风”。全词化用华亭船子和尚《拨棹歌》：“千尺丝纶直下垂，一波才动万波随。夜寒水静鱼不食，满船空载月明归。”“载月明归”，超脱世俗，通明透彻，显示了一种得道的境界。作者这首词作于贬谪期间，生活态度如此超脱，实在很不容易。

夜登小阁，忆洛中旧游。

忆昔午桥桥上饮，坐中多是豪英。

午桥：在洛阳南五里午桥庄，为洛阳名胜之地。

长沟流月去无声。杏花疏影里，吹笛到天明。

长沟：长河。

二十余年如一梦，此身虽在堪惊。

闲登小阁看新晴。古今多少事，渔唱起三更。

渔唱：渔歌。

〔大意〕回想当年在午桥痛饮，在座的大多是豪杰精英。长河带着月光默默流去，稀疏的杏花影里，笛声迎来天明。二十余年犹如一场大梦，人虽然活着心却屡屡骇惊。闲暇无事登上小阁观赏新晴，古往今来发生了多少翻天覆地的大事，只有渔歌起伏回荡在三更。

〔点评〕作者是由北宋跨入南宋的著名诗人，靖康之变使他的诗风发生了很大变化，其词风也趋于豪放，接近苏轼。这首词上片追忆洛中旧游，下片感慨世事沧桑。明代沈际飞认为它“意思超越，腕力排奡，可摩坡仙之垒”。“杏花疏影里，吹笛到天明”两句被前人称为“奇丽”“爽语”，推崇备至。

将止酒，戒酒杯使勿近。

杯汝来前，老子今朝，点检形骸。

老子：老夫。

点检：注意约束。

甚长年抱渴，咽如焦釜；于今喜睡，气似奔雷。

抱渴：感到口渴。

焦釜：热锅。

气似奔雷：形容鼾声如雷。

漫说刘伶，古今达者，醉后何妨死便埋。

刘伶：“竹林七贤”之一，好酒，每出行携一壶酒，并让人荷锄相随，嘱咐说：“死便掘地以埋。”

浑如此，叹汝于知己，真少恩哉!

更凭歌舞为媒，算合作平居鸩毒猜。

鸩(zhèn)毒：指毒酒。

况怨无大小，生于所爱；物无美恶，过则为灾。

与汝成言：勿留亟退，吾力犹能肆汝杯。

成言：约定。

肆：这里是对付的意思。

杯再拜道：麾之即去，招则须来。

〔**大意**〕 酒杯呀酒杯，你到我面前来，老夫今天要检讨检讨自己的行为。为什么多年来总觉得口渴，咽喉像一只热锅?为什么现在贪睡，一躺下就鼾声如雷?就说那生性豁达的刘伶，大醉之后，也不过是一死便埋。从来如此，可叹你对自己的知己，总是这般刻薄无情！你更凭借歌舞作为媒介，调配成毒酒让人不再猜疑。况且怨恨不论大小，往往生于所爱；事物没有美恶，过分就成为祸灾。现在我跟你约定：“不要逗留，赶快退走，我的力量还足以对付你这个小酒杯!”酒杯叩头再拜说：“你挥挥手我就离去，你要是招手，我还会回来。”

〔**点评**〕 这是一首幽默诙谐的戒酒檄文。词的上片写贪杯的害处，声讨酒的无情；下片进行理性的探索，深思爱怨相生的辩证关系。不过，词末“招则须来”一语泄漏天机，看来理性的约束最终还是抵挡不了情感的诱惑。

木兰花慢

辛弃疾

中秋饮酒将旦，客谓前人诗词有赋待月无送月者，因用天问体赋。

可怜今夕月，向何处，去悠悠？

是别有人间，那边才见，光影东头。

是天外空汗漫，但长风浩浩送中秋。

汗漫：无边无际的样子。

飞镜无根谁系？嫦娥不嫁谁留？

飞镜：指月亮。

谓经海底问无由，恍惚使人愁。

怕万里长鲸，纵横触破，玉殿琼楼。

虾蟆故堪浴水，问云何玉兔解沉浮？

虾蟆：这里指月中蟾蜍。

玉兔：相传月中有玉兔。

若道都齐无恙，云何渐渐如钩？

〔**大意**〕 可爱的月儿啊，你悠悠向着哪里走去?是不是另外有一个世界，此时此刻，那边才刚刚看见月亮升起在东边?是不是天外只有一片空阔，只有无边的长风送你度过中秋?你悬在天上，无根无绊，谁将你挽系?月中的嫦娥不再嫁人，谁将她收留? 有人说你从海底出来，要想查问，却了无根由。迷离恍惚，使人生愁。怕只怕万里长鲸横冲直撞，撞破了月中的玉殿琼楼。蟾蜍固然可以游泳，玉兔怎么能在水中飘浮?如果说这一切都安然无恙，为什么圆圆的月亮会变成弯钩?

〔点评〕 这是一首思考自然奥秘的词作。全词仿照屈原《天问》，就月亮的问题提出了一连串疑问，表现了作者的探索精神。王国维在《人间词话》中评价它："词人想象，直悟月轮绕地之理，与科学家密合，可谓神悟。"

丑奴儿

书博山道中壁

辛弃疾

少年不识愁滋味，爱上层楼。

不识：不懂得。

层楼：高楼。

爱上层楼，为赋新词强说愁。

强(qiǎng)：勉强。

而今识尽愁滋味，欲说还休。

欲说还休，却道天凉好个秋。

〔大意〕 年少时不懂得忧愁的滋味，爱上高楼，爱上高楼，为做新词无病呻吟强说愁。现在尝够了忧愁的滋味，很多话欲说还休，欲说还休，却说道："好一个凉爽的秋天啊!"

〔点评〕 这首词是作者闲居带湖时所作。词中通过少年时不知愁苦反衬如今饱尝愁苦无法倾诉的心情，曲折表现了作者壮志难酬的忧愤和对时局的不满。"却道天凉好个秋"既是作者处世阅历渐深后思想的成熟，其中更包含着无限的悲凉与伤感、无限的失望与悲愤。

少年听雨歌楼上，红烛昏罗帐。

壮年听雨客舟中，江阔云低、断雁叫西风。

断雁：失群的孤雁。

而今听雨僧庐下，鬓已星星也。

星星：喻指头发花白。

悲欢离合总无凭，一任阶前、点滴到天明。

〔大意〕 年轻时在歌楼上听雨，昏暗的烛光映红了罗帐。壮年时在客船中听雨，江面空阔，阴云密布，失群的孤雁在秋风中悲啼。如今在僧人的茅庐下听雨，我的两鬓已花白。人生的悲欢离合总无凭定，任随阶前的小雨点点滴滴直到天明。

〔点评〕 作者生活在宋元更替的年代，颠沛流离，饱经忧患。这首词感叹人生的变幻无常、命运的不可捉摸。全词通过少年、壮年、而今三个时段听雨的场景，概括了作者少年欢乐、壮年羁旅、老来孤寂萧索的一生，得出了“悲欢离合总无凭”的结论。“阶前点滴到天明”的雨声，就是作者一生经历、一夜思绪的见证。词中展现的既是个人的悲欢离合，更是整个世局的沧桑变化。